교회 기초 시리즈

Understanding Baptism

침례 [세례]

시리즈 편집인　조나단 리먼
지은이　바비 제이미슨
옮긴이　김승진

교회 기초 시리즈

Understanding Baptism

침례[세례]

초판 1쇄 발행 2021년 3월 25일

지은이	바비 제이미슨
옮긴이	김승진
발행인	이요섭
기획	박찬익
편집	송수자
디자인	김한솔
제작	이인애
영업	김승훈, 김창윤, 정준용, 이대성
펴낸곳	도서출판 디사이플
등록	2018. 2. 6. 2018-000010호
주소	07238) 서울특별시 영등포구 국회대로 76길 10
기획	(02)2643-9155
영업	(02)2643-7290
팩스	(02)2643-1877

ⓒ 2021. 도서출판 디사이플 all rights reserved.

ISBN 979-11-90964-13-5 04230
      979-11-90964-06-7 (세트)

값 9,000원

Copyright © 2016 by Robert Bruce Jamieson and 9Marks
Originally published in English under the title
Understanding Baptism by B&H Publishing Group
One LifeWay Plaza, Nashville, TN 37234, USA
All rights reserved.
Used and translated by the permission of 9Marks
525 A St. NE, Washington D.C. 20002, USA
This Korean edition copyright © 2021 by Disciple Press, Seoul, Republic of Korea
이 한국어판의 저작권은 9Marks와 계약한 도서출판 디사이플에 있습니다.
신 저작권법에 의하여 한국 내에서 보호 받는 저작물이므로 무단 전재와 무단 복제를 금합니다.
본문에 인용된 성경 구절은 대한성서공회의 성경전서 개역개정판을 사용하였습니다.

CONTENTS

교회 기초 시리즈 서문		5
서론		6
1장	침례란 무엇일까?	11
2장	누가 침례를 받아야 할까?	28
3장	유아세례란 무엇일까?	38
4장	왜 교회회원권을 위해 침례를 받아야 할까?	70
5장	언제 "뱁티즘"이 성서적인 침례가 되지 못할까?	85
6장	교회는 어떻게 침례를 베풀어야 할까?	99
성구 색인		113

CHURCH BASICS

교회 기초 시리즈 서문

그리스도인의 삶은 교회를 중심으로 한 삶이다. 이 기본적인 성경적 확신이 교회 기초 시리즈 전체에 깔려 있다.

그 확신은 각 저자가 자신의 주제를 다루는 방식에도 영향을 미친다. 예를 들어, 주의 만찬은 당신과 예수님의 사적이고 영적인 행위가 아니다. 그것은 성도들이 식탁에 둘러앉아 함께 식사하는 것이다. 대위임령은 그리스도인 한 사람 한 사람을 예수님의 증인으로 열방 가운데 보내기 위한 자격증이 아니다. 이것은 모든 교회가 수행해야 하는, 모든 교회에 주어진 책임이다. 교회의 권위는 지도자뿐만 아니라 모든 회중에게 달려 있다. 당신을 포함한 모든 사람이 수행할 역할이 있다.

시리즈 전체는 일반 교인들을 위해 쓰였다. 이것이 중요한 특징이다. 그리스도인의 삶이 교회를 중심으로 한다면, 침례(세례) 받은 교회 회원은 이런 기본적인 주제를 이해해야 한다. 예수님이 당신에게 복음을 전하고 지키라는 명령과 함께, 교회를 전하고 지키라는 책임도 부여하셨다. 이 시리즈가 어떻게 그러한 일을 감당해야 하는지 설명할 것이다.

당신은 그리스도의 복음사역주식회사 주주라고 할 수 있다. 좋은 주주는 자기가 투자한 회사에 대해 알아본다. 시장조사도 하고, 경쟁 회사를 알아보기도 한다. 자신이 주식을 산 그 회사에서 많은 이윤을 내고 싶어 한다. 당신은 복음에 전 생애를 투자한 셈이다. 이 시리즈의 목적은 당신의 지역 교회가 하나님의 영광스러운 복음을 땅 끝까지 전파하는 일을 잘 감당하고, 최상의 효과를 낼 수 있도록 돕는 것이다.

자, 이제 준비되었는가?

조나단 리먼 시리즈 편집인

서론

침례에 관한 이 작은 책을 손에 드신 분들을 환영한다. 이 책을 "소책자"라고 부를 수도 있겠다. 당신이 원하는 대로 불러도 된다. 책을 한번 살펴보시라. 본격적으로 책을 읽기 전에 간단하게 책 소개를 하겠다.

먼저 당신에 관해서, 적어도 당신이 어떤 사람인지에 관해 기대하는 바를 말씀드리겠다. 은밀히 개인적으로 말씀을 드린다면, 당신 자신에 관해서 당신에게 묻고 싶다. 지금 글을 쓰기는 내가 할 수 있는 최선의 방법은 상상하는 것이다. 나의 상상에 의하면, 이 책을 읽는 사람들은 기본적으로 세 부류 중 한 부류에 속할 것이다. 물론 모두가 그리스도인이다.

만약 당신이 그리스도인이 아니라면, 이 책은 당신에게 꼭 필요한 것에 대해 알려주게 될 것이다. 우선 당신이 기독교에 관하여 관심을 가지도록 추천할만한 책들이 많이 있다. 사복음서부터 시작해 보라. 그리고 그렉 길버트(Greg Gilbert)가 쓴 「예수님은 누구신가?」(*Who Is Jesus?* [Crossway, 2015])라는 책을 읽어보시기 바란다. 그런 후에 크리스천 친구를 만나서 성경이 어떤 책인지에 관해서, 그리고 예수님을 따른다는 것이 무슨 의미인지에 관해서 이야기를 나눠볼 것을 권면한다.

여하튼 이 책을 읽을 것이라고 기대하는 첫 번째 부류는 예수님을 믿기는 하지만 아직 침례를 받았던 적이 없는 사람들이다. 아마도 당신 역시도 침례가 무엇인지에 대해서 알지 못할 것이다. 또는 당신은 침례가 무엇인지 알고는 있지만, 왜 침례를 받아야 하는지에 대해서 확신하지 못할 수도 있다. 아마도 당신은 뱁티즘(여기서 "뱁티즘"이라는 말은 뱁티즘의 형식개념을 초월하고 총괄하는 단어임-역자 주)이 성경이 말하고 있는 침례였는지에 관해서 미심쩍어 할 수도 있다. 당신이 갓난아기나 어린 아이였을 때 뱁티즘(유아세례)을 받아서 당신의 신앙고백에 진정성이 있었는지에 대해서 알지 못할 수도 있다. 이 소책자는 이러한 모든 질문에 대해 대답을 해줄 것이다. 이 책의 목표는 만약 당신이 침례를 받은 적이 없는 그리스도인이라면, 이 책을 읽고 침례를 받기 위해 물속으로 풍덩 빠뜨려지기를 간절히 원하게 되었으면 하는 것이다. (전신이 물속에 잠기는 수고를 하지 않고서는 침례에 관한 책을 쓰는 것이 불가능하기에, 여기서 이 이야기를 먼저 하는 것이다).

이 책을 읽게 될 것이라고 기대하는 두 번째 부류는 침례에 관해서 더 많이 배우는데 흥미가 있는 그리스도인들이다. 분명히 여러분들 중의 일부가 이 부류에 속할 것이다. 당신은 이미 침례나 세례를 받았을 것이다. 그런데 당신은 예수님께서 그의 교회에 주시는 명령(마 28:19)에 대해서 더 많이 생각해 보기를 원할 것이다. 아마도 당신은 새신자들이나 불신자들에게 침례에 관해서 어떻게 설명을 할 것인지에 대해 더 많이 알기를 원할 것이다. 이 책은 당신이 묻고자 하는 질문들에 대해서 성서적인 답변을 해줄 것이며 당신이 제기하지 않은 질문들에 대해서도 답변해 줄 것이다.

이 책을 읽게 될 것이라고 기대하는 세 번째 부류는 교회지도자, 특히 담임목사이다. 담임목사들은 하나님의 은혜로 새신자들에게 침례를 베푸는 위치에 있다. 동시에 그들은 자신들이 섬기는 교회에서 침례의식을 어떻게 행하며, 교인들이 침례를 어떻게 이해할 것인가에 대해서 지대한 영향을 미치게 될 것이다. 또한, 담임목사들은 자신들의 교회에서 침례를 교회회원권의 조건으로 삼을 것인지에 관한 기준을 설정하게 될 것이다. 이 문제는 점차 논쟁적인 이슈가 된다.

나는 이 책에서 제시하는 모든 내용에 관하여 당신이 조목조목 일일이 동의하리라고 기대하지 않는다. 모든 그리스도인이 일률적으로 동의하지 않는 수많은 이슈가 이 책 속에 들어 있다. 그렇지만 동의하지 않는 부분들에 있어서까지도 교회회원들에게 유익한 자료가 될 수 있을 것이라 기대한다. 누가 알겠는가? 내가 당신을 설득할 수 있을지도 모르잖는가! 교회회원들이 나의 견해에 동의하지 않는다고 할지라도 그들에게 이 책을 읽도록 배부해 주는 것이 결국에는, 그들에게 유익이 되리라는 것을 알고 있다. 그들에게 문제되는 주제에 대해서 사색하도록 독려하게 될 것이다.

책 전반을 통해서 위에 언급한 세 부류의 독자들을 염두에 둘 것이다. 제1장에서는 "침례란 무엇일까?"라는 질문으로 시작한다. 제2장에서는 "누가 침례를 받아야 할까?"라고 묻는다. 제3장에서는 유아세례 행습에 대해서 성서적인 평가를 하고자 한다. 제4장에서는 왜 성경은 교회회원권을 위해서 침례, 즉 신자의 침례(believer's baptism)를 요구할까?라는 주제에 대해 검토한다. 제5장에서는 어떤 그리스도인들이 "뱁티즘"이라고 부르는 것이, 실제에 있어서는 성서적인 침례가 아닌 경우들을 살펴볼 것이다. 제6장에서는 교회가 신자들에게 어떻게 침례를 베풀 것인가? 하는 실제적인 문제에 대해서 안내를 할 것이다.

이 소책자를 쓰기 전에「공개적인 신앙고백: 왜 침례가 교회회원권을 위해서 필요한가?』(*Going Public: Why Baptism Is Required for Church Membership*, [B&H, 2015])라는 꽤 방대한 책을 저술하여 출판했다. 그 책은 보다 직접적으로 교회지도자들을 위해서 썼는데, 부제에서 암시되어 있듯이 주로 교회회원권에 초점을 맞추어서 썼다. 「공개적인 신앙고백」의 내용에서 본서의 제3장은 많은 분량을, 제5장은 적은 분량을, 그리고 다른 장들에서는 부분적으로 차용을 했다. 이렇게 차용을 할 수 있도록 허락해 주신 B&H 출판사에 큰 감사를 드린다.

이 책을 읽기 위해서 시간을 내신 독자 여러분들께 감사를 드린다. 당신이 예수님을 따르고 또한, 다른 사람들이 예수님을 따르게 하는데 이 책이 큰 도움이 될 수 있기를 간절히 기도드린다.

Understanding Baptism

1장
침례란 무엇일까?

만약 당신이 수영장에서 물속을 걷고 있는데, 한 친구가 뒤에서 다가와 당신을 물속에 빠뜨린다면 당신은 어떻게 하겠는가? 당신은 단순히 그를 용서할 수 있을 것이다. 그렇게 하는 것이 그리스도인으로서의 올바른 행동일 것이다. 당신은 똑같은 방법으로 그 친구를 물속에 빠뜨림으로써 보복할 수도 있을 것이다. 당신은 심술을 부려 더 심한 물장난을 칠 궁리를 하며 친구가 물 밖으로 나와 몸을 완전히 말렸을 때를 기다렸다가, 그를 밀어뜨려 수영장 속으로 다시 밀어 넣을 수 있을 것이다. 그러면 어떻게 되겠는가?

그리고 만약 당신의 친구가 몰래 당신 뒤로 다가와서 당신을 물속으로 빠뜨리며 "자, 너는 침례 받았어"라고 말한다면, 당신은 어떻겠는가? 만약 당신이 침례에 관해서 아무것도 모른다면, 내 짐작으로 당신은 당혹스러운 느낌에 더해서 친구가 못된 짓을 했다는 강한 의심을 할 것이다. 당신은 침례를 받은 것이 아니다. 당신은 단지 빠뜨림을 당한 것뿐이다.

이러한 빠뜨림이 침례가 되기 위해서는 어떤 요소가 필요할까? 깜짝 놀라는 요소(surprise)가 없어져야 한다. 그리고 당신은 의도적으로 그리고 기꺼이 참여하는 마음(participate)을 가져야 하겠다. 그러나 어떤 교회들에서는 세례를 받겠다고 의사표현을 하지 않는 갓난아기들과 유아들에게 세례를 베풀지 않는가? 침례를 베푸는 자는 어떨까? 그가 꼭 목사일 필요가 있을까? 침례가 수영장이 아니라 교회에서만 이루어져야 할까?

침례란…

이 장에서는 "침례란 무엇일까?"라는 질문에 답변한다.

나는 먼저 침례에 관한 성서적인 이해에 관해 설명하려고 한다. 그리고 무엇이 성서적인 침례가 아닌가 하는 점에 대해서도 간략하게 논평을 하려고 한다. 만약 당신이 침례가 무엇인지 확신이 서지 않아 미심쩍어한다면, 이 장을 공부하면서 그러한 혼돈을 말끔히 씻어버리고 침례에 관한 예수님의 명령에 순종하기를 기대한다.

침례에 관해 이렇게 정의한다:

> "침례란 신자를 물속으로 침수시킴으로써 신자와 그리스도가 연합되었음을 확인하고 표현해 주는 교회의 행위다. 또한, 신자가 그리스도와 그분의 백성들에게 공개적으로 헌신한 것을 고백함으로써 신자는 교회와 연합되었고 세상으로부터는 분리되었음을 선언하는 신자의 행위다."

이 정의를 몇 가지 문귀로 나누어서 그 성경적인 근거를 설명하겠다.

· **교회의 행위**

침례는 교회의 행위(교회가 행하는 의식-역자 주)이다.[1] 먼저 침례란 어떤 사람이 다른 사람에게 행하는 어떤 행위라는 점을 염두에 두라. 당신은 자신에게 침례를 베풀지는 않는다. 항상 두 당사자가 있는 것이다. 두 당사자는 서로를 향해서 그리고 세상을 향해서 표현하는 것이다.

침례는 사람들이 자신 스스로에게 부여하는 상징이라고 생각하는 경향이 있다. 마치 어떤 상점에서 셔츠를 하나 사서 그것을 공개적인 장소에서 입는 것처럼 생각한다. 침례를 베풀었던 사람이 누구였는지에 대해서는 신경을 쓰지 않는다. 마치 셔츠를 팔고 계산대에서 계산했던 점원이 누구였는지에 대해서 신경을 쓰지 않는 것과 같다. 하여튼 그리스도인이라면 누구나 침례를 베풀 수는 있다. 왜냐하면, 관심의 초점은 침례를 베푼 사람(baptizer)에게 있지 않기 때문이다. 그 초점은 침례를 받는 사람(baptizee)에게 있다. 당신이 "나는 예수님과 함께하고 있다"라고 공개적인 신앙고백을 하고 싶어서, 침례 받기로 결정하는 것이다. 사도행전 8장에 나오는 빌립과 에디오피아 내시를 생각해 보라. 그 내시는 침례 받기를 원했다. 그는 빌립에게 자신에게 침례를 베풀어 달라고 요청했다. 무척 단순하지 않은가?

사실 신약성서는 그보다 완전한 그림을 보여주고 있다. 사도행전 8장에서 묘사된 성경 본문은 실제로는 규범에 대한 예외를 보여주지만, 규범 그 자체를 보여주지 않는다. 당신은 사도행전이 아니라 마태

---

[1] 이 부분은 조나단 리먼이 저술한 다음 책의 3장과 4장에서 많은 양을 인용하였다. Jonathan Leeman, *Don't Fire Your Church Members: The Case for Congregationalism* (Nashville: B&H, 2016).

복음 16장과 18장에서 시작해야 한다. 마태복음에서 예수님은 첫째는 사도들에게, 둘째는 지역교회들에게 하나님 왕국의 열쇠를 제공해 주시기 때문이다. 하나님 왕국의 열쇠는 하늘에서 매인 것은 땅에서도 매이게 하고 하늘에서 풀린 것을 땅에서도 풀리게 한다. 이 말은 사도들과 지역교회들은 예수님을 대신해서 공적인 선언이나 평결할 권위를 가진다는 의미다. 판사가 법정에서 의사봉을 두드릴 때 그가 하는 행위를 생각해 보라. 그는 법을 쓰지 않는다. 그는 피고인을 무죄로 혹은 유죄로 간주하지 않는다. 그는 법을 바라볼 뿐이다. 그는 증거를 바라본다. 그런 후에 그는 최종적으로 공적인 평결을 선언하는 것이다.

하늘을 대신해서 공적인 선언을 하는 판사와 같은 권위는, 예수님께서 각 개인의 그리스도인들이 아니라 모인 교회들에 주시는 권위이다. 마태복음 18장 20절 말씀에 귀 기울여 보라. "두세 사람이 내 이름으로 모인 곳에는 나도 그들 중에 있느니라." 여기서 예수님은 작은 그룹들에게 말씀하고 있는 것이 아니다. 그들 가운데 자신이 현현해 계신다는 것은 신비적인 체험이나 분위기를 말하는 것이 아니다. 이 본문의 문맥을 조심스럽게 읽어보라. 하늘로부터 주어진 그분의 권위가 모인 교회들 가운데 속해 있다고 예수님은 말씀한다는 사실을 알 수 있다(특히 18절과 19절에서). 교회는 함께 그리스도의 이름을 증언하는 최소한 두세 사람의 정규적인 모임이다. 그리고 그리스도는 그러한 모임에 함께 거하시면서 그들에게 그리스도의 이름으로 증언하도록 권위를 부여해 주신다.

우리가 마태복음 28장에 등장하는 지상명령을 제대로 잘 이해하려면 이러한 사실들을 잘 알고 있어야 한다. 첫째로, 예수님은 자신이 하늘과 땅의 모든 권세를 가지고 계시다는 사실을 우리에게 상기시켜 주셨다(마 28:18). 그다음에 그분은 제자들에게 아버지와 아들과 성령의 이름으로 침례를 베풀고 모든 민족을 제자로 삼으라고 권위를 부여하셨다(19절). 그리고 그분은 자신이 분부했던 모든 것을 가르쳐 지키게 하라고 제자들에게 말씀하셨다. 이 말씀은 지역교회가 가르치는 사역을 통해서 계속해서 성취해야 할 내용이다(20절a). 마지막으로 그분은 자신의 권위가 그 교회에 지속적으로 임재해 있을 것이라는 사실을 재확인하셨다. "볼지어다 내가 세상 끝날까지 너희와 항상 함께 있으리라"(20절b). 마태복음 28장은 그 배경으로서 마태복음 16장과 18장에서 정당성을 부여받았다. 예수님은 그 장들에서 말씀하셨던 것을 잊지 않으셨다. 우리 역시도 잊어서는 안 된다.

그렇다면 이런 질문이 생긴다. 누가 침례를 베풀 권위를 가질까? 그리스도인이라면 누구나 침례를 베풀 수 있을까? 만약 그리스도인이 한 사람도 없는 선교현장에 당신이 있다고 한다면, 다른 대안이 없겠다. 그렇다. 당신이 침례를 베풀어야 할 것이다. 아직 그곳에 지역교회가 존재하지 않기 때문에 당신이 바로 교회가 되는 것이다. 만약 당신이 그러한 입장에 있다면, 사도행전 8장이 바로 당신을 위한 선례가 될 것이다. 그러나 예수님이 자신의 이름으로 모인 두세 사람들(혹은 이 삼 천 명의 사람들), 즉 교회에 자신의 권위를 분명하게 연결 짓고 있다는 사실을 상기하기 바란다. 그렇기에 일반적으로 말하면, 침례를 베풀 권위를 갖는 것은 지역교회들이다. 침례가 한 개인에 의해 베풀어지는 것이지만, 그 개인은 교회를 대표하기 때문에 결국에는 교회가 침례를 베푸는 것이다. 침례는 교회의 행위(교회가 베푸는 의식-역자 주)인 것이다.

이 말은 어떤 사람이 회심한 분명한 증거가 있음에도 불구하고, 교회가 그 사람에게 침례 베풀 것을 거부할 권위를 가졌다는 의미는 아니다(행 11:17-18 참조). 이 말은 통상적으로 침례를 베풀 때는 교회의 승인이 뒤따라야 한다는 의미다. 공적인 진술을 하는 것은 침례를 받는 자의 몫만은 아니다. 침례를 베푸는 자 역시 공적인 진술이나 평결을 하는 것이다. 침례를 받는 자와 침례를 베푸는 자는 하늘의 왕국을 위해서 이 땅에서 "함께 기록을 남겨야" 하는 것이다. 다음 요점을 살펴보자.

· **신자와 그리스도가 연합되었음을 확인하고 묘사해 주는…**

교회가 침례를 베푼다는 것은 정확하게 무엇을 말하는 것일까? 침례를 베풀면서 교회는 침례받은 신자가 그리스도를 향한 신앙고백을 분명히 했음을 확인해 주는 것이다. 그리스도의 죽으심과 부활에 있어서 그가 그리스도와 연합되어 있다고 주장하는 것을 교회가 확인해 주는 것이다. 침례는 비가시적이고 영적인 실체(spiritual reality)에 대한 가시적이고 공적인 보증인 것이다.

믿음으로 우리는 그리스도와 연합하여 그분의 죽으심과 부활로 말미암는 모든 혜택을 누리게 된다. 바로 침례는 이러한 연합을 상징해 준다. 다음의 성경구절들을 살펴보자.

- "무릇 그리스도 예수와 합하여 침례를 받은 우리는 그의 죽으심과 합하여 침례를 받은 줄을 알지 못하느냐 그러므로 우리가 그의 죽으심과 합하여

침례를 받음으로 그와 함께 장사되었나니 이는 아버지의 영광으로 말미암아 그리스도를 죽은 자 가운데서 살리심과 같이 우리로 또한 새 생명 가운데서 행하게 하려 함이라"(롬 6:3-4).
- "믿음이 온 후로는 우리가 초등교사 아래에 있지 아니하도다 너희가 다 믿음으로 말미암아 그리스도 예수 안에서 하나님의 아들이 되었으니 누구든지 그리스도와 합하기 위하여 침례를 받은 자는 그리스도로 옷 입었느니라"(갈 3:25-27).

침례는 복음의 내용을 적용하는 표식(sign)이다. 이 사람은 죄로부터 돌이켜서 믿음으로 그리스도와 이미 연합되었다는 것을 증명해 주는 표식이다. 그러나 침례는 이러한 실제들을 확인만 해주는 것이 아니라 묘사해 준다. 그리스도께서 죽으셨고 장사지낸 바 되셨고, 다시 살아나셨다는 사실을 기억해 보라. 침례는 어떤 사람이 예수님의 죽으심과 장사되심과 부활하심에 연합되었음을 공개적으로 묘사해 주는 것이다. 침례를 받는 그 사람은 육체적으로 물속에 빠뜨려지고, 그리고 물속에서 일어나게 된다.

침례는 우리가 그리스도와 연합되었음을 묘사해 주기 때문에, 그것은 또한 그 연합으로 말미암는 혜택도 묘사해 준다. 그리스도로 말미암아 우리의 모든 죄는 사함을 받았고 정결케 되었다. 침례는 이 두 가지를 모두 상징한다. 베드로가 오순절 날 군중들을 향해 이렇게 말했다. "너희가 회개하여 각각 예수 그리스도의 이름으로 침례를 받고 죄 사함을 받으라"(행 2:38). 그리고 아나니아는 새로 회심한 사도 바울에게 이렇게 말했다. "이제는 왜 주저하느냐 일어나 주의 이름을 불러 침례를 받고 너의 죄를 씻으라"(행 22:16). 침례로 죽음을 경험하고 난 후 그리스도로 말미암아 우리는 새로운 삶, 성령으로 말미암은 능력 있는 삶을 경험했다. 침례를 베풂으로써 그리스도를 향한 신앙고백을 분명하게 한 사람은 실제로 그리스도에게 연합된 자임을 교회는 확인할 수 있다. 침례는 극적으로 그러한 연합과 연합으로 말미암은 혜택을 묘사한다.

· **신자를 물 속으로 침수시킴으로써…**

어떤 신자가 그리스도와 연합하였다는 사실을 교회는 어떻게 확인하고 설명할 수 있을까? 그 신자(여자든 남자든)를 물속으로 침수시킴으로써 그렇게 한다. 영어 "뱁타이즈"(baptize)라는 단어가 유래된 희랍어 바프티조(baptizo)라는 말은, 어떤 물건을 물속에 잠그거나 빠뜨리는 것을 의미한다. 결국, 그 물건은 물속에 완전히 침수(submersion)된다. 신약성서는 일관되게 뱁티즘을 침수례(immersion, 침례)로 묘사한다. 침례 요한은 "살렘 가까운 애논에서" 침례를 베풀었다. 왜냐하면 "거기 물이 많음이라 그러므로 사람들이 와서 침례를 받더라"(요 3:23)고 성경은 기록하고 있다. 예수님의 제자들이 베풀었던 뱁티즘들도 "보다 적은 양의 물"에서 베풀었다는 예는 찾아볼 수 없다.

더욱이 에디오피아 내시가 빌립과 함께 수레를 타고 가다가 그리스도를 믿게 되었을 때, 그는 이렇게 외쳤다. "보라 물이 있으니 내가 침례를 받음에 무슨 거리낌이 있느냐?"(행 8:36). 이어서 성경은 이렇게 진술하고 있다. "이에 명하여 수레를 멈추고 빌립과 내시가 둘 다 물에 내려가 빌립이 침례를 베풀고 둘이 물에서 올라올새 주의 영이

빌립을 이끌어간지라 내시는 기쁘게 길을 가므로 그를 다시 보지 못하니라"(행 8:38-39). 침례는 그들이 수레에 싣고 가던 물보다는 훨씬 많은 물이 필요했음을 분명히 보여준다. 그들은 침례를 베풀기 위해서 수레에서 내려 물속으로 들어갔다.

  마지막으로 사도 바울이 어떤 신자가 예수 그리스도를 믿음으로써 그리스도와 함께 죽음(death)과 장사(burial)와 부활(resurrection)을 경험한 사실을 설명하면서 침례를 묘사한다는 점이다(롬 6:1-4). 침례는 장사되는 것과 부활하는 것을 행동으로 보여주는 것이고, 신자가 그리스도와 연합하였음을 극적으로 드러내는 것이다. 교회는 신자(여자든 남자든)를 물속으로 침수시킴으로써 그가 그리스도와 연합하였음을 확인하고 묘사한다.

· 그리고 신자의 행위

  물론 침례는 교회의 행위만은 아니다. 그것은 신자의 행위이기도 하다. 교회가 침례를 베풀고 동시에 그리스도인이 된 신자가 침례를 받는다. 오순절 날에 베드로의 설교를 들었던 사람들이 그의 메시지에 어떻게 반응했는지를 살펴보자.

> "그들이 이 말을 듣고 마음에 찔려 베드로와 다른 사도들에게 물어 이르되, 형제들아 우리가 어찌할꼬 하거늘 베드로가 이르되 너희가 회개하여 각각 예수 그리스도의 이름으로 침례를 받고 죄 사함을 받아라 그리하면 성령의 선물을 받으리니 이 약속은 너희와 너희 자녀와 모든 먼 데 사람 곧 주 우리 하나님이 얼마든지 부르시는 자들에게 하신 것이라 하고… 그 말을 받은 사람들은 침례를 받으매 이 날에 신도의 수가 삼천이나 더하더라"(행 2:37-39, 41)

죄를 회개하고 예수님을 믿었던 사람들이 침례를 받았다. 침례는 그리스도를 구주와 주님으로 영접한 믿음의 사람들이 첫 번째로 행하는 공적인 신앙고백의 행위다. 만약 당신이 그리스도인이라면, 예수님께서 당신을 향해 침례를 받으라고 명령하신다. 그것은 당신이 해야 할 일이다. 어떤 사람도 당신을 대신해서 행할 수는 없다.

물론 침례는 불신자들이 행해야 할 일은 아니다. 침례는 신자가 그리스도와 연합하였음을 확인하고 표현하는 것이기에, 믿음으로 그리스도에게 연합한 신자들이라면 누구나 침례를 받아야 한다.

· **신자가 그리스도에게 공개적으로 헌신한 것을 고백함으로써…**

침례를 받으면서 신자는 무엇을 할까? 그(여자든 남자든)는 그리스도에게 공개적으로 헌신할 것을 다짐한다. 침례는 그리스도인으로서 자신이 어떻게 할 것인지를 결심하는 것이다. 침례를 받으면서 당신은 예수 그리스도를 향한 믿음을 고백하고 동시에 그분께 순종할 것을 다짐한다.

복음에 반응하기 위해서 우리는 내면적으로 그리고 외면적으로 예수님을 향해 돌이키라는 명령을 받는다. 외면적인 것은 곧 내면적인 것을 선언하는 것이다. 침례는 증인들 앞에서 공개적으로 집례된다. 오순절 날에 회개하고 침례를 받았던 사람들을 생각해 보라. 침례를 받기 위해서 군중들로부터 앞으로 걸어 나왔던 모든 사람은, 자신을 예수님의 추종자들로 자인하였다.

이것이 바로 예수님께서 원하시는 것이다. 그들은 누구나 목격할 수 있는 예수님의 추종자들이다. "누구든지 사람 앞에서 나를 시인하면 나도 하늘에 계신 내 아버지 앞에서 그를 시인할 것이요 누구든지 사람 앞에서 나를 부인하면 나도 하늘에 계신 내 아버지 앞에서 그를 부인하리라"(마 10:32-33). 예수님의 은밀한 제자들이란 있을 수 없다. 예수님을 제대로 따르기 위한 유일한 길은 어떤 평범한 사람들이라도 볼 수 있도록 공개적으로 따르는 것이다. 침례는 교회와 세상 앞에서 우리가 예수님께 속한 사람이라는 사실을 공개적으로 선언하는 것이다. 예수님은 자신의 제자로 훈련받은 사람들이 스포트라이트가 되기를 원하신다. 세상 사람들로 하여금 제자들이 예수님의 빛을 반사하는 모습을 보게 하기 위함이다. 침례는 그 빛 속으로 걸어 들어가는 의식이다.

만약 당신이 당신의 믿음을 공개적으로 고백하는 것에 언짢은 마음이 있다면, 침례를 거침돌이 아니라 디딤돌로 바라보라. 당신이 스스로 그리스도인이라고 고백하려고 할 때, 예수님은 당신에게 담대함이나 창조성을 요구하지 않으셨다. 예수님은 당신이 어떻게 해야 할지를 보여주셨다. 예수님은 그 신앙고백을 단순하게 하도록 하셨다. 당신이 해야 할 일은 그리스도를 믿는 당신의 믿음을 고백하면서 뒤로 물러나 잠시 숨을 참으면 되는 것이다.

침례는 이미 했던 헌신을 고백하는 것만은 아니다. 침례 그 자체가 헌신서약이다. 베드로는 노아와 그의 가족들이 심판의 물로부터 구원받았던 사건을 진술하면서 두 가지 사건(노아의 홍수 사건과 침례 사건)을 비교하였다. "물은 예수 그리스도께서 부활하심으로 말미암아 이제 너희를 구원하는 표니 곧 침례라 이는 육체의 더러운 것을 제하여 버림이 아니요 하나님을 향한 선한 양심의 간구니라"(벧전 3:21). 베드로가 침례가 "너희를 구원한다"라고 말했을 때, 그는 구원하는 것은 물로써 물리적으로 씻는 것이 아니라 침례로 표현되는 믿음이라는 사실을 분명히 가르쳤다. 믿음에 능력을 더하는 것은 그리스도의 부활이다. 우리의 믿음 그 자체에는 어떠한 능력이나 공로가 없다. 그 대신에 오직 믿음으로써 우리는 부활하신 그리스도를 붙드는 것이다.

"선한 양심의 간구"라는 구절은 간청과 약속, 혹은 이 둘 모두를 가리킨다고 해석할 수 있다. 침례에 이 두 요소가 들어 있다. 침례는 간청이요 기도인데, 믿음의 탄원을 외치는 행위다. "주 예수님, 저를 구원하소서!" 신자는 침례를 받으면서 그리스도의 죽으심과 부활하심에 자신을 일체화함으로써, 그리스도를 자신의 구주시라고 공개적으로 선언하며 하나님께서 자신을 구원하시겠다는 약속을 유효하게 해 달라고 간청하는 것이다.

또한, 침례는 약속이다. 그리스도를 주님으로 믿고 전적으로 순종하겠다는 공개적인 약속이다. 그리스도의 이름으로 침례를 받는 것(마 28:19)은 그분의 권위에 순복하겠다는 다짐이다. 침례는 왕이신 예수님께 충성을 맹세하는 것이다. 그것은 당신이 그분께 신실할 것을 공개적으로 서약하는 것이다. 이런 의미에서 침례는 그리스도의 모든 명령에 순종하겠다는 약속이다. 침례를 받는 것은 "내가 너희에게 분부한 모든 것을 가르쳐 지키게 하라"(마 28:20)는 말씀에 밑줄을 그으며 서약을 하는 것이다. 당신은 예수님을 주님(Lord)으로 경외하지 않고서 그분을 구주(Savior)로 영접할 수 없다. 침례에서 우리는 자기 십자가이기도 한 작은 멍에를 매는 것이다. 예수님이 가신 모든 길을 따라서 걸어가겠다고 하는 약속이다.

침례는 믿음이 공개되는 현장이다. 침례를 받으므로 우리는 예수님 팀의 유니폼을 입는 것이다. 침례는 주위 사람들이 보는 앞에서 신자가 그리스도에게 헌신하는 의식이다. 신자는 침례를 받으면서 그분을 구주로 인정하면서 동시에 그분께 헌신하는 것이다.

· 신자가 그분의 백성들에게 공개적으로 헌신한 것을 고백함으로써…

침례를 받으면서 신자는 자신을 그리스도께만 헌신하는 것이 아니라, 그리스도의 백성들에게도 헌신한다는 것을 고백한다. 오순절 날에 일어났던 일을 다시 상기해 보자. "그 말을 받은 사람들은 침례를 받으매 이 날에 신도의 수가 삼천이나 더하더라"(행 2:41). 삼천 명의 신도들은 어디에 더해졌는가? 이전에는 오직 120명에 불과했던(행 1:15) 예루살렘 교회에 그들이 더해졌다. 오순절 날 침례를 받았던 사람들은 세상으로부터 걸어 나와서 교회로 들어갔다. 오늘날 침례를 받는 사람들도 마찬가지다.

예수님을 믿는다는 것은 예수님을 믿은 모든 사람의 무리와 합류하는 것이다. 예수님을 영접하는 것은 그분의 백성들을 영접하는 것이다. 복음은 우리를 하나님과 화목시킬 뿐만 아니라(엡 2:1-10), 우리를 예수 믿는 다른 신자들과도 화목시킨다(엡 2:11-22). 하나님을 아버지라고 부르는 것은 그렇게 부르는 모든 사람을 형제와 자매로 부둥켜안는 것이다. 그리스도께 연합되는 것은 그분의 몸(교회-역자 주)을 이루는 지체가 되는 것이다(고전 12:12-26, 엡 1:23, 골 1:18, 벧전 2:10).

그러므로 침례를 받음으로써 신자는 그리스도와 그분의 백성들에게 자신을 헌신한다. 같은 팀의 유니폼을 입음으로써 당신은 그 팀의 회원으로서 헌신하는 것이다. 침례를 받음으로써 당신은 세상으로부터 나와서 교회 속으로 들어간다. 당신이 세상으로부터 나와서 예수님과 함께하지만 그분의 백성들과는 아직 함께하지 않는다는 중간상태(in-between zone)는 존재하지 않는다. 당신이 예수님과 한 팀이 된다는 것은 그분의 백성들과도 한 팀이 된다는 것이다. 그러므로 침례는 그리스도를 따르겠다는 헌신일 뿐 아니라 그분의 교회와 함께 그분을 따르겠다는 헌신이다. 침례를 받음으로써 그리스도인은 그리스도의 백성들을 사랑하고 섬기고 순종하겠다는 헌신을 다짐하는 것이다.

· 신자는 교회와 연합되었고 세상으로부터는 분리되었음을 선언한다

이러한 헌신을 다짐할 때에 교회 역시도 헌신한다. 침례 행위는 신자의 헌신, 즉 "나는 침례를 받음으로써 나 자신을 그리스도와 그분의 백성들에게 서약한다"라고 약속한다. 또한, 침례 행위는 교회의 헌신, 즉 "우리는 침례를 베풂으로써 당신의 신앙고백을 확인하며 당신을 그리스도의 몸의 한 회원으로서 받아들일 것을 서약한다"라고 약속한다. 침례 행위에서 신자는 하나님과 교회에게 서약을 하고, 교회는 하나님과 침례를 받는 신자 개인에게 서약한다.

어떤 신자가 그리스도와 연합하였음을 교회가 확인하고 설명해 줄 때, 신자는 자신을 그리스도와 그분의 교회에 헌신하게 된다. 그렇게 함으로써 신자는 교회와 연합하게 되고 동시에 세상으로부터 분리되었다는 사실을 선언하게 된다. 신자는 교회의 회원명부에 그 이름을 올리게 되고 그 교회의 유니폼을 입게 된다. 침례는 어떤 사람을 그리스도인이라고 공적으로 인정해주는 의식이다. 침례를 통해서 교회는 세상을 향해 이렇게 말한다. "여기 보시오! 이분은 예수님께 속한 사람이요." 침례가 어떤 사람을 그리스도인으로 확인을 해주는 의식이기 때문에, 그것은 그 사람을 교회의 회원, 즉 지상에서 그리스도의 새 언약 백성의 일원이 되었음을 선언해 주는 것이다.

우리는 제4장에서 침례가 갖는 의미인, "교회와의 연합"과 "세상으로부터의 분리"에 대해서 더 자세하게 살펴볼 것이다. 지금으로서는 침례를 받음으로써 신자는 자신을 그리스도께 뿐만 아니라 그분의 백성들에게도 헌신하는 것이라는 사실만을 언급하면 충분하리라 생각한다.

침례가 아닌 것은…

"무엇이 침례가 아닌가?"에 관해서 두 가지 내용만을 간단하게 살펴보자. 첫째로, 침례 그 자체는 당신을 구원하지 않는다. 베드로전서 3장 21절 말씀을 기억하는가? 베드로가 말한 내용을 요약하면, 물리적인 씻음 그 자체에 내면적인 능력이 있는 것이 아니고, 침례는 그리스도의 부활 능력을 믿는 믿음을 표현하는 것이라는 점이다. 우리는 예수님의 죽으심과 부활하심을 믿음으로써 구원을 받는다. 침례는 그러한 믿음을 공개적으로 드러내는 의식이다.

믿음으로 말미암아 우리의 죄는 사함 받았고, 우리는 하나님에 의해서 의롭다고 인정을 받았고, 우리는 하나님과 화목되었다는 것이 성경의 분명한 가르침이다(롬 3:21-31, 4:1-8, 5:1-11). 침례는 이러한 모든 실재를 묘사해 주는 것이지 그것들을 만들어내지는 않는다. 모든 신자는 침례를 받으라는 명령을 받는다. 그리스도의 명령에 순종하는 것은 우리의 믿음이 진실하다는 것을 보여주는 것이다(요 14:21-24, 약 2:14-26, 요일 2:3-6). 그러므로 어떤 그리스도인도 침례가 "구원을 위해 필요하지 않다"라는 근거로 침례 받기를 회피해서는 안 된다. 만약 당신이 구원받았음을 주장하려면 침례는 필요한 증거가 될 것이다. 그러나 침례 그 자체는 구원을 보증해 주지는 않는다. 십자가상에 매달렸던 강도는 침례를 받지 않고서도 천국으로 갔다(눅 23:39-43). 마술사 시몬은 침례를 받았음에도 불구하고 지옥을 향해 치달았다(행 8:13-24).

둘째로, 침례가 단순한 인간적인 전통은 아니라는 사실을 인식해야 한다. 그것은 교회가 발명해 낸 것도 아니라는 사실이다. 침례는 그리스도인들이 행해도 되고 행하지 않아도 되는 것은 아니라는 사실이다. 그것은 그리스도께서 유언으로 말씀하신 명령이다. '침례를 베풀고 침례를 받으라'는 그리스도의 명령은 언제나 어느 곳에서나 모든 신자를 구속하는 명령이다.

다음 질문

당신을 물속으로 빠뜨린 친구 이야기로 돌아가 보자. 만약 그 친구가 염소성분이 섞여 있는 20°C 정도의 미지근한 물에 당신을 침수시키는 데 성공했다면, 그는 당신에게 침례를 베푼 것일까?

그렇지 않다. 만약에 당신이 이 장의 서두에서 이 질문에 대한 대답을 예감했다면, 이제는 침례가 무엇인지에 관한 분명한 성서적인 가르침을 충분히 이해했으리라 생각한다. 침례를 통해서 예수님은 그의 제자들에게 침례 받은 신자는 그들의 것이 된 것을 공개적으로 인정한 것이고, 동시에 그들은 예수님의 것이 된 것을 공개적으로 선언한다. 예수님은 교회에게 신자가 교회와 연합하였다는 사실을 인정하고 묘사해 주는 강력하고도 공개적인 방법을 주셨다. 이와 같은 이중적인 행위를 통해서 신자는 교회에 헌신하고 교회 역시도 신자에게 헌신한다. 침례는 어떤 신자가 그리스도와 연합한 것을 묘사해 줄 뿐만 아니라, 새롭고 수평적인 연합, 즉 그 신자와 교회의 회원들이 함께 하나가 된 것을 선언한다.

침례란 무엇일까? 다시 한번 침례를 정의해 보자.

> *"침례란 신자를 물속으로 침수시킴으로써 신자와 그리스도가 연합되었음을 확인하고 묘사해 주는 교회의 행위다. 또한, 신자가 그리스도와 그분의 백성들에게 공개적으로 헌신한 것을 고백함으로써 신자는 교회와 연합되었고 세상으로부터는 분리되었음을 선언하는 신자의 행위다."*

침례에 관한 정의에서 우리는 다음과 같은 질문을 제기하게 된다. 누가 침례를 받아야 할까?

2장
누가 침례를 받아야 할까?

　당신은 자신을 그리스도인이라고 생각하는가? 만약 그렇지 않다면 당신이 이 책을 읽고 있다는 사실로 인해서 나는 무척 기쁘다. 그러나 침례를 받는 일이 당신의 첫 번째 우선순위는 아니다. 당신이 제일 먼저 해야 하는 최우선 순위는 당신의 죄로부터 돌이키고 구원받기 위해서 그리스도를 믿어야 한다.

　당신이 이 책을 읽고 있다면, 아마도 당신은 그리스도를 믿는다는 신앙고백을 이미 했을 것이다. 그렇다면 당신은 침례를 받았는가? 왜 침례를 받았는가? 또는 왜 안 받았는가?

　이 장에서는 "누가 침례를 받아야 할까?"라는 질문을 제기하면서 시작하고자 한다. 이 질문에 대한 대답은 "그리스도인이라면 누구나"이다. 어떤 예외도 없고 어떤 특별한 예도 없다. 이 장에서 나는 침례에 대한 성서적인 명령, 침례가 주는 유익들, 그리고 침례에 관한 반대에 대한 답변들을 다루고자 한다. 이러한 반대들 가운데 하나인 유아세례(infant baptism)에 관해서는 별도의 장에서 더 자세하게 다룰 것이다.

침례에 대한 성서적인 명령

지난 장에서 살펴보았듯이, 예수님은 그의 제자들에게 "모든 민족을 제자로 삼으라"라고 명령하셨다. "하늘과 땅의 모든 권세를 내게 주셨으니 그러므로 너희는 가서 모든 민족을 제자로 삼아 아버지와 아들과 성령의 이름으로 침례를 베풀고 내가 너희에게 분부한 모든 것을 가르쳐 지키게 하라"(마 28:18-20). 예수님의 제자들은 어떻게 제자들을 삼았을까? 먼저 예수님이 그러셨던 것처럼(마 4:17, 23) 그리고 그의 제자들을 이전에 파송하셨던 것처럼(마 10:5-7), 그들은 왕국의 복음을 전파함으로써 제자들을 삼았다. "제자들로 삼으라"라는 명령은 '복음을 전파하라'는 말과 별반 다르지 않다. 당신은 예수님에 관한 메시지를 받아들임으로써 예수님의 제자가 되었다.

예수님은 이 과정에서 두 가지 단계를 말씀하셨다. '제자 삼으라'는 명령을 실행하기 위한 두 가지 수단이다. 예수님의 제자들은 새로운 제자들에게 침례를 베풀어야 한다는 것이고, 또한 예수님께서 분부하신 모든 명령을 그들이 순종하도록 가르쳐야 한다는 것이다.

첫 번째 단계: 복음을 전파하라.
두 번째 단계: 사람들이 믿음으로 반응한다면 그들에게 침례를 베풀어라.
세 번째 단계: 예수님이 분부하셨던 모든 명령을 순종하도록 가르쳐라.

예수님의 제자가 된 모든 사람은 침례를 받는다. 침례 받지 않은 제자가 설 영역은 없다.

침례는 제자가 된 자라면 필수적으로 받아야 한다. 침례는 예수님의 죽으심과 부활하심을 상징적으로 묘사해 주는 의식이기 때문이다. 예수님의 말씀인 "내가 너희에게 분부한 모든 것"에 첫 번째로 순종해야 할 항목이 바로 침례라는 것은 명백하다. 회개하고 예수님을 믿었다면, 예수님의 추종자들이 순종해야 할 첫 번째 명령이 침례를 받는 것이다. 예수님의 새내기 추종자로서 당신이 순종해야 할 첫 번째 명령은 침례를 받는 것이다.

같은 문맥에서 베드로가 오순절 날에 그의 청중들을 향해서 '회개하고 침례를 받으라'고 설교했던 것은 전혀 놀랄 일이 아니다.

> "너희가 회개하여 각각 예수 그리스도의 이름으로 침례를 받고 죄 사함을 받으라 그리하면 성령의 선물을 받으리니"(행 2:38)

그들 중 대다수가 그렇게 했다. "그 말을 받은 사람들은 침례를 받으매 이 날에 신도의 수가 삼천이나 더하더라"(행 2:41). 다시 말씀드리지만, 복음을 받아들이는 것과 침례를 받는 것은 동전의 앞뒤와 같은 것이다. 당신이 예수님을 믿는 단계에 와 있다면, 당신이 해야 할 첫 번째 순종은 침례를 받음으로써 공개적으로 신앙고백을 하는 것이다.

신약성서의 서신서들을 통해서 성서 기자들은 그들의 크리스천 독자들이 모두 침례를 받았음을 전제로 하고 있다. 사도 바울은 죄에 대하여 죽은 우리가 더는 죄 가운데 살 수 없다고 말하면서 이렇게 묻고 있다. "무릇 그리스도 예수와 합하여 침례를 받은 우리는 그의 죽으심과 합하여 침례를 받은 줄을 알지 못하느냐"(롬 6:3). 또한, 바울 사도는 갈라디아 교회의 성도들을 향해서 그들이 그리스도를 믿음으로써 모두 하나님의 아들들이 되었다고 말하면서 이렇게 설명한다. "누구든지 그리스도와 합하기 위하여 침례를 받은 자는 그리스도로 옷 입었느니라"(갈 3:27, 고전 1:13과 골 2:12 참조). 바울은 그의 모든 독자가 이미 침례를 받았음을 전제로 하며 편지를 쓰고 있다.

당신이 그리스도인이면서도 아직 침례를 받지 않았다면 조만간에 곧 침례를 받기 바란다. 침례 받는 것은 지혜로와서도 아니고 최선이라서도 아니고, 선택사항도 아니고, 추천사항도 아니다. 마땅히 받아야 할 순종사항이다. 예수님의 제자가 되는 것은 예수님의 명령에 순종하는 것 그 이상도 그 이하도 아니다. 예수님께 대한 우리의 순종은 그분을 향한 우리의 사랑에 대한 리트머스 시험지이다. 예수님을 믿는 사람들은 그가 하신 말씀을 순종한다. 그분은 자신을 믿는 사람들과 이미 믿은 사람들에게 침례를 받으라고 말씀하신다.

침례가 주는 두 가지 유익

당신이 예수님을 믿는다고 주장을 하면서도 아직 침례를 받지 않았다면…그냥 받으면 된다. 왜냐하면, 예수님께서 침례를 받으라고 명령하셨기 때문이다. 그런데 여전히 침례 받기를 망설이고 있다면, 침례가 주는 두 가지 유익을 알려주어 예수님의 명령에 순종할 수 있도록 도와주겠다.

첫째로, 믿음은 고백을 함으로써 더욱 강하게 된다는 점이다. 침례는 당신이 예수님께 속해 있다고 공개적으로 선언하는 것이다. 만약 당신이 예수님을 따르는 자로 공개적으로 선언하는데 망설이고 있다면, 당신이 해야 할 급선무는 침례를 받는 것이다. 예수님을 믿는 것은 당신을 재정의하는 것이다. 당신의 과거와 현재와 미래가 어떠하며, 당신의 가족은 어떠하며, 당신이 가장 가치 있게 여기는 것이 무엇인지를 재검토하는 것이다. 침례는 이와 같은 실재들을 묘사하고 선포하는 하나의 방법이다.

당신이 당신의 믿음을 은밀하게 가지고 있다면, 당신의 믿음은 시들어버리거나 죽어버릴 것이다. 우리의 몸처럼 믿음도 운동을 함으로써 강건해진다. 침례는 믿음의 운동이다. 침례는 믿음으로 공급받는 행동이다. 그것은 우리의 전체적인 믿음 생활을 활기차게 하는 행동이다. 그리스도인이 된다는 것은 침례라고 하는 공개적인 행동으로부터 시작된다. 그리스도인의 삶은 세상 사람들이 보는 앞에서, 교회 회중 앞에서, 무대 위에서 사는 것이다. 침례는 조명을 받기 위해서 무대 위로 걸어 나가는 행위다.

둘째로, 이와 연관된 유익은 침례가 전도를 위한 절호의 기회가 된다는 점이다. 당신의 가족들과 친구들이 당신이 침례 받는 모습을 보기 위해서 교회로 오게 될 것이다. 당신이 침례를 받지 않는다면 그들이 교회에 올 일이 없을 것이다. 만약 당신의 손님들이 침례가 무엇인지 모르고 있다면 복음으로 침례를 설명해 줄 수 있을 것이다.

만약 그들이 복음이 무엇인지 모르고 있다면 침례를 실예로 들어가며 복음을 설명해 줄 수 있을 것이다. 당신이 물속으로 빠뜨려져 다시 일으키심을 받은 것처럼, 예수님도 죽음으로 빠뜨려졌지만 죽음으로부터 다시 살아나셔서 승리했다는 사실을 설명해 줄 수 있을 것이다. 그러므로 그리스도와 연합한 자들은 모두 그분의 승리에 참여하는 것이다. 그분의 죽음과 부활로 말미암아 우리의 죄는 사함을 받았고 우리는 하나님과 화목하게 되었다.

침례 받는 것에 대한 거부

당신이 신앙고백을 한 그리스도인임에도 불구하고 침례를 받는 것을 거부한다면 왜 그럴까? 침례 받는 것을 거부하는 몇 가지 이유에 관해 살펴보겠다.

> 그리스도인이 되는데 그런 공개적인 법석을 떨 필요가 있습니까? 믿음이라는 것은 사적이고 은밀한 것이 아닙니까? 내가 예수를 믿었으면 충분하지 않습니까? 하나님께서는 내 마음을 다 알고 계시지 않습니까?

예수님은 사적인 추종자나 은밀한 제자를 기대하지 않는다는 것을 이미 살펴보았다. "누구든지 사람 앞에서 나를 시인하면 나도 하늘에 계신 내 아버지 앞에서 그를 시인할 것이요 누구든지 사람 앞에서 나를 부인하면 나도 하늘에 계신 내 아버지 앞에서 그를 부인하리라"(마 10:32-33). 또 비슷한 말씀이 누가복음에도 있다. "누구든지 나와 내 말을 부끄러워하면 인자도 자기와 아버지와 거룩한 천사들의 영광으로 올 때 그 사람을 부끄러워하리라"(눅 9:26). 그리스도인은 그리스도를 믿는다는 신앙고백을 한 사람이다. 신앙고백(confession)이란 정의상 공개적인 행위이며 다른 사람들이 들으라고 말하는 것이다. 만약 당신이 그리스도인으로서 공개되는 것이 마음에 큰 부담이 있다면, 침례를 거침돌이 아니라 디딤돌로 여기기 바란다. 침례를 받는 것은 당신의 믿음을 더욱 돈독하게 해주는 데 도움을 주게 될 것이다. 침례를 받음으로써 당신의 믿음을 공개적으로 나누라.

 교회지도자들에게 한 말씀 드리겠다. 침례를 받는 사람들에게 입을 열어 그리스도에 대한 신앙을 고백하게 하고 그분께 충성할 것을 맹세케 할 뿐만 아니라, 그들이 어떻게 개인적으로 예수님을 구주(Savior)로 믿게 되었는지를 간증하게 하는 것도, 건강한 목회행습들 중의 하나라고 생각한다. 회중 앞에서 자신들의 구원체험을 간증하는 것은, 그들의 삶 가운데 하나님께서 하신 일로 인해 하나님께 영광을 돌리는 일이 될 것이고 침례에 복음전도적인 능력이 있음을 드러내는 일이 될 것이다. 그런데 만약 어떤 사람이 공개적으로 말하는 것에 큰 두려움을 가지고 있다든지 혹은 자신의 구원체험을 간증하는 것이 불가능할 때는, 그가 신앙고백에 동의하게 하든지 예수님께 순종하겠다는 헌신을 하게 할 수 있을 것이다.

"당신은 예수 그리스도를 당신의 구주로 믿는다고 고백하고 그분을 주님(Lord)으로 믿고 순종하겠다고 고백하십니까?"

"예, 그렇게 하겠습니다."

"당신은 그분의 은혜에 의지하여 당신이 살아 있는 한 그분의 교회 교인들과 더불어 예수님께 순종할 것을 약속하십니까?"

"예, 그렇게 하겠습니다."

저는 지금까지 수십 년 동안 예수 믿는 사람이었습니다. 그런데 침례를 받지는 않았습니다. 왜 지금 제가 침례를 받아야 하나요? 회심한 지 꽤 긴 세월이 지났는데, 인제 와서 침례를 받는 것은 무의미한 일이 아닙니까?

당신이 예수님을 믿게 되자마자 침례를 받았다면 확실히 더 좋았을 것이다. 그러나 그리스도의 명령에 순종해야 한다면, 순종하지 않는 것보다는 늦게라도 순종하는 것이 더 좋지 않을까?(마 21:28-32). 세월이 지나가 버렸다고 예수님의 명령에 강제성이 약해졌을까? 그렇지 않다. 지금 침례를 받는 것은 당신이 오랜 세월 동안 침례를 받지 않았던 불순종을 인정하는 것이다. 침례를 받는 것은 단순하게 예수님의 명령에 순종하는 것이다. 우리가 우리의 삶 가운데 죄를 발견하게 되었다면, 그 즉시 그냥 회개하고 순종하면 되는 것이다. "내가 의인을 부르러 온 것이 아니요 죄인을 불러 회개시키러 왔노라"(눅 5:32).

· **저는 어디에서 침례를 받아야 할지 모릅니다.**

  아하, 이것 참 큰 문제다! 충고를 하자면 복음을 설교하고 성경 말씀을 가르치는 교회를 찾아보라. 예수님을 따르고 다른 사람들이 예수님을 따르도록 하는 사역을 잘 감당하고 있는 교회를 발견해 보라. 그러한 교회를 찾아가서 담임목사나 교회지도자들에게 자신을 소개하라. 당신이 예수님을 믿는 신자이고 침례를 받기 원한다고 말씀을 드려보라. 그 교회에 소속해서 그 교회에서 봉사하겠다고 헌신하라. 그리고 그 교회에서 당신이 그리스도의 장성한 분량에까지 자라고 싶다고 말씀을 드려보라. 아마도 그 교회에서 기꺼이 당신에게 침례를 베풀어 줄 것이다.[2]

· **저는 갓난아기 때에 이미 세례를 받았습니다.**

  유아세례를 행하는 교회에서는 세례는 한 번만 받는 것이라고 가르친다. 이미 유아세례를 받았다면 다시 세례를 받을 필요도 없고 받아서도 안 된다고 한다. 그러나 갓난아기에게 침례를 베풀어야 할까? 유아세례가 성경이 말하는 침례일까? 다음 장에서 이 주제를 자세하게 다룰 것이다.

---

2 "9가지 특징을 가진 교회 찾기"(9Marks Church Search)를 인터넷에서 확인하면 많은 도움을 받게 될 것이다. http://www.9marks.org/church-search.

최저선

만약 당신이 걱정이나 두려움 때문에 침례 받기를 연기해 왔다면 용기를 가지라. 우리가 예수님을 위해서 예수님의 진영으로 이끄심을 받았다면, 그분의 영이신 성령께서 우리를 통해서 말씀하실 것이고 우리가 해야 할 말씀을 주실 것이다(마 10:19-20). 당신에게 믿음을 허락하신 성령께서 당신이 그 믿음을 공개적으로 고백하게 하지 않겠는가? (고전 12:3, "그러므로 내가 너희에게 알리노니 하나님의 영으로 말하는 자는 누구든지 예수를 저주할 자라 하지 아니하고 또 성령으로 아니하고는 누구든지 예수를 주시라 할 수 없느니라").

최저선은 모든 그리스도인은 침례를 받으라고 명령을 받고 있다는 사실이다. 그런데 왜 당신은 지체하고 있는가?

3장
유아세례란 무엇일까?

유아세례(infant baptism, pedobaptism)란 무엇일까? 이 책을 읽고 있는 독자들 가운데는 갓난아기나 어린아이일 때 세례를 받았던 분들도 있을 것이다. 아마도 어떤 분들은 그것이 진정 성서적인 침례일까? 하며 의심하기도 할 것이다. 아마도 당신은 어떤 교회들에서는 유아세례를 행하고 있는 것을 알고 있지만, 유아세례를 행하는 이유와 유아세례 관습에 대한 성경적인 관점에서의 평가에 대해서 별로 생각하지 않았을 것이다.

이 장에서는 유아세례(infant baptism)를 옹호하는 사람들의 신학적 주장에 대해 살펴볼 것이고, 유아세례를 성서적으로 평가할 것이다. 그리고 신자의 침례(believer's baptism)를 옹호하는 사람들의 입장에 대한 유아 세례론자들의 반대의견에 대해 답변할 것이다.

유아세례를 옹호하는 입장

교회 역사를 통틀어서 보면 일단의 교회들과 교단들에서 유아들에게 "세례를 베푸는"(baptize) 유아세례(paedobaptism, 정교회에서는 유아들에게 침수례를 베푼다고 한다-역자 주)를 행한다. 교회마다 유아세례를 베푸는 이유는 다양하다. 로마 가톨릭교회와 몇몇 교단에서는 세례 자체가 실제로 세례받는 자들에게 구원의 은혜를 주는 것이며, 따라서 그들을 그리스도의 신령한 몸(교회-역자 주)속으로 인도하는 것이라고 믿고 있다. 세례 행위 그 자체가 구원을 주는 것이기 때문에, 유아세례를 받는 아기는 믿음을 가질 필요도 없고, 세례가 구원하는 능력을 발휘하도록 동의할 필요도 없다는 것이다. 그러나 뱁티즘을 이렇게 이해하는 것은 복음과 전적으로 상충하는 것이다. 믿음으로 말미암은 그리스도와의 연합이 우리를 구원한다. 침례와 주의 만찬이라는 의식들은 그러한 그리스도와의 연합을 상징적으로 묘사해 주고 재확인해 주는 것이다. 의식 그 자체가 그러한 연합을 가져오게 하는 것이 아니다.

마르틴 루터를 따르는 루터 교인들은 세례를 받는 유아들은 실제로 믿음을 가지고 있다고 주장한다(단지 그 믿음이 잠을 자고 있다고 주장한다-역자 주). 그런데 유아일 때 세례를 받았던 수많은 사람이 왜 믿음의 증거를 보이지 않는 것일까? 그들의 믿음은 어디로 가버렸을까?

복음주의자들 가운데 개혁교회 전통 속에 있는 그리스도인들(주로 장로교인들-역자 주)도 유아세례를 매우 강력하게 옹호한다. 그들은 하나님의 언약들과 언약의 증표 간의 관계에 초점을 맞춘다.[3] 언약은 하나님께서 그의 백성들과 자유롭게 맺는 관계인데, 그 관계는 하나님께서 일방적으로 맹세 때문에 재가한다. 언약은 종종 언약의 조건

---

3 이러한 견해를 주장하는 대표적인 학자는 싱클레어 퍼거슨이다. Sinclair B. Ferguson, "Infant Baptism View," in *Baptism: Three Views*, ed. David F. Wright (Downers Grove, IL: InterVarsity, 2009), 77-111.

들과 혜택들을 생생하게 묘사해 주는 증표들(signs)을 매개로 이루어진다. 하나님과 아브라함 간의 언약은 할례의 증표로 이루어졌는데, 그것은 모세의 언약 아래에서도 계속되었다(창 17:1-14, 레 12:3). 하나님께서는 아브라함과 언약을 맺으면서 그의 집안 남자들에게 할례를 행하도록 지시하셨다. 하나님의 언약은 할례라는 언약의 증표로 인해 아브라함의 후손들에게도 유효했다.

개혁교회 전통 속에 있는 그리스도인들은 하나님의 구원계획을 역사적으로 펼침에 있어서 옛 언약(구약)과 새 언약(신약)의 연속성을 강조한다. 하나님께서는 역사를 통해서 하나의 구원계획을 가지고 계신다는 사실을 그들은 강조한다. 그들은 이 구원을 경험한 사람들이 모두 하나님의 참백성에 속하게 된다는 사실을 주장한다. 그들은 모든 신자가 역사 속에서 참여하는 하나의 "은혜의 언약"이 있음을 강조한다. 이 언약은 에덴동산에서 아담과 하와에게 주셨던 하나님의 약속(창 3:15)에 맨 먼저 표현되었고, 그 언약이 그리스도 안에서 성취되었다고 주장한다. 그들은 하나님의 백성들이 하나님과 맺은 언약은 각각 (아담과 하와에게 주셨던-역자 주) 이 은혜의 언약에 대한 표현이라고 주장한다.

그러므로 개혁교회의 유아세례론자들은 사도행전 2장 38~39절과 같은 본문을 아브라함과 맺은 언약과 새 언약(그리스도인들과 맺은 언약-역자 주), 이 두 언약이 공통된 원리를 표현한 것으로 해석한다. 베드로는 그의 청중들에게 회개하고 침례를 받으라고 권면한 후에, 이렇게 말했다는 것이다. "이 약속은 너희와 너희 자녀와 모든 먼 데 사람 곧 주 우리 하나님이 얼마든지 부르시는 자들에게 하신 것이라"(행

2:39). 개혁교회 유아세례론자들은 하나님께서 아브라함과 맺었던 언약의 약속을 그의 백성들과 그들의 갓난아기들에게로 확장하셨듯이, 하나님은 자신의 새 언약의 약속을 (그리고 침례라는 새 언약의 증표를) 신자들과 그들의 자녀들에게까지 확장하셨다고 주장한다. 대표적인 개혁교회 신학자인 와필드(B. B. Warfield) 박사는 유아세례의 정당성을 이렇게 요약하여 설명한다. "하나님은 아브라함의 때에 자신의 교회를 창설하셨는데 어린아이들을 교회 속으로 영입하셨다. 그들은 하나님께서 쫓아내시기 전까지는 거기에 머물러 있어야 한다. 하나님은 어느 곳에서도 그들은 쫓아내지 않으신다. 그들은 여전히 하나님의 교회의 회원들이기 때문에, 유아세례라는 의식을 받을 자격을 가지는 것이다."[4]

유아세례를 반대하는 입장

나는 위와 같이 주장하는 유아세례론자들에 대해서 존경과 사랑의 마음을 가지고 있다. 그들 중 일부는 나의 절친한 친구들이거나 신앙적인 영웅들이다. 위에서 언급했던 그들의 주장을 살펴볼 때, 그들은 성경에 대해 주의 깊은 집중력과 경외심을 가지고 있음을 알 수 있다. 그러나 그들의 주장은 설득력이 없다고 생각한다. 왜 그런지 그 이유를 여섯 가지로 살펴보겠다.

---

4 B. B. Warfield, *Studies in Theology* (New York: Oxford University Press, 1932), 408.

· 1. 유아세례론은 그리스도와의 연합의 증표를 그리스도와 연합되지 않은 사람들에게까지 확대해서 적용하고 있다. 이것은 그 증표를 실재(reality)에서 분리하는 것이다.

침례는 그리스도의 죽으심과 장사되심과 부활하심에 있어서 신자가 그리스도와 연합되었다는 증표이다(롬 6:1-4, 골 2:11-12). 그러나 유아들은 그리스도와 연합되지 않았다. 모든 사람은, 그리스도인 부모로부터 태어난 사람들까지도, 성령의 인도하심을 받아 그분께 연합되기 위해서는 믿음으로 그리스도를 영접해야만 한다.

기독교 가정에서 자라난 아이들 가운데는 자신들이 예수님을 믿었던 때가 언제인지를 기억하지 못하는 아이들도 있다. 그러나 그들이 태어날 때부터 예수님을 믿었던 것은 결코 아니다. 성령께서 허락하셔야 그들은 회개할 수 있고, 믿을 수 있다. 그들은 사탄의 지배를 받던 영역으로부터 아들의 통치를 받는 영역으로 탈바꿈되어야 한다(골 1:13, "그가 우리를 흑암의 권세에서 건져내사 그의 사랑의 아들의 나라로 옮기셨으니"). 그들은 죽음으로부터 생명으로 일으킴을 받아야 했고, 이 세상의 왕으로부터 구출을 받아야 했고, 하나님의 진노로부터 건짐을 받아야 했다(엡 2:1-3).

그러나 유아세례는 그리스도와 연합되었다는 증표(sign)를 그리스도와 연합되지 않은 사람들에게까지 확대해서 적용하는 것이다. 유아세례는 증표와 그것이 표현하는 실재(reality)를 분리한다. 이렇게 함으로써 유아세례는 침례의 참의미를 왜곡시켜 버린다. 침례는 복음이 어떤 사람의 삶에 끼친 영향을 증표로 보여주는 것이다. 그 사람이 용서를 받았고, 깨끗함을 받았으며, 하나님과 화해를 이루었고,

거듭났으며, 새로운 생명과 삶을 얻게 되었다는 증표가 침례이다. 그러나 유아세례는 이와 같은 실재들의 어느 것도 보여주지 못한다. 신자 부모에게서 태어난 갓난아기들이나 어린아이들은 믿음으로 그리스도와 연합하지 못한 상태에 있다. 그러므로 교회는 이러한 어린이들에게 침례를 베풀어서는 안 되는 것이다.

· 2. 유아세례는 그리스도인 부모에게서 태어나는 것과 성령으로 말미암아 거듭나는 것을 혼동케 한다.

이것을 다른 말로 표현하면, 유아세례는 그리스도인 부모로부터 육체적으로 태어나는 것(born physically)과 성령으로 인하여 위로부터 거듭 태어나는 것(born again spiritually), 이 둘을 혼동케 한다. 나는 유아세례를 받은 모든 그리스도인이 그들의 마음속에서 이 둘을 혼동한다고 말하는 것이 아니다. 나는 그들의 행습(practice)이 그것들을 혼동케 한다고 말하는 것이다. 유아세례를 옹호하는 그리스도인은 자신의 갓난아기가 성령으로 말미암아 거듭나기 위해서는 그리스도를 믿는 믿음을 가져야 한다는 것을 잘 알고 있다. 그러나 갓난아기에게 세례를 베풂으로써, 그 행위 자체가 그에게 이미 거듭났음을 입증해 준다고 착각하게 하는 것이다.

웨스트민스트 신앙고백은 뱁티즘의 효력은 집례의 때에 얽매이지 않는다고 말한다. 다른 말로 하면 유아세례는 유아세례를 받은 자가 수년 후에 그리스도를 믿게 될 때까지 유효하다는 것이다(이를 "중생전제설"이라고 하는데, 장차 거듭날 것을 전제로 하여 유아들에게 세례를 베푼다는 주장이다-역자 주). 그러나 문제는 이것이, 증표 그 자체가 말을 한다는 것이다. 침례라는 증표는 이렇게 말한다. "이 사람은 그리스도와 연합되어 있다. 이 사람은 그리스도와 함께 장사 되었고 다시 살아났다. 이 사람은 그리스도 안에서 죽음을 벗어나 새로운 생명에 이르렀다." 만약 유아세례론자들이 그리스도와 미래의 연합 가능성을 의미하는 증표를 원한다면, 침례 이외의 다른 것을 찾아야 할 것이다. 침례는 현재시제로 말한다.

결과적으로 유아세례는 새로운 출생(new birth)이 자연적 출생(natural birth)으로 말미암아 기인하는 것이라는 점을 효과적으로 전달해 주는 것 같다. 이것은 신자 부모의 갓난아기들은 다른 아기들과는 근본적으로 다른 영적인 환경에 있다는 것을 의미한다. 확실히 신자들의 아이들은 불신자들의 아이들과는 다른 영적인 환경에 있다는 것을 부인할 수는 없다. 이에 대해서는 아래에서 다시 다루게 될 것이다. 그러나 유아세례는 그들의 환경에 차이가 있다는 것을 말하지 않는다. 그들 내면에 차이가 있는 것이다. 유아세례론자들이 어떠한 신학적인 차별성을 말한다고 하더라도, 유아들에게 뱁티즘을 베푸는 행습은 그리스도인 부모로부터 육체적으로 태어나는 것(born physically)과 성령으로 인해 거듭나는 것(born again spiritually)을 혼동케 한다.

· 3. 유아세례는 하나님께서 자신의 옛 언약의 사람들을 삼으셨던 것과 똑같은 방식으로 자신의 새 언약의 사람들을 삼으신다고 그릇되게 주장한다.

유아세례는 그릇된 주장에 근거하고 있다. 적어도 매우 중요한 점에 있어서 유아세례론자들은 하나님께서 자신의 "옛 언약의 사람들"

을 삼으셨던 것과 똑같은 방식으로 자신의 "새 언약의 사람들"을 삼으신다고 주장하고 있다. 옛 언약(old covenant) 아래에서는 하나님은 혈통적인 후손들에 의해 특정한 민족으로 자신의 백성으로 삼으셨다. 그런데 새 언약(new covenant) 아래에서는 하나님은 자신의 이름을 부르는 모든 민족으로부터 자신의 말씀과 성령으로 자신의 백성으로 삼으신다.

유아세례론자들의 주장은 유아세례와 할례 간의 긴밀한 유사성에 근거하고 있다. 하나님은 아브라함에게 명령하기를 그의 후손들에게 할례를 행하라고 했다. 그렇게 함으로써 아브라함의 후손들은 하나의 확인할 수 있는 소수민족(an identifiable ethnic people)이 될 수 있었고, 그들 주위의 세상으로부터 분리된 민족이 될 수 있었다. 이렇게 하여 하나의 민족을 창설한 목적은 출애굽이라는 결실과 시내 산에서 모세의 율법을 내려주시는 결실을 보게 되었다. 성경은 이 율법을 "옛 언약―구약"(the old covenant, 고후 3:14)이라고 부르고 있다. 하나님께서 애굽으로부터 이스라엘 민족을 불러내셨을 때, 그분은 그들을 자신에게로 나오도록 부르시어 그들에게 특별한 역할을 맡기셨다. 그들은 모든 민족 가운데서 "그분의 소중한 소유"(his treasured possession)가 되기 위해서 그분의 율법을 지켜야 했다. 그리고 그들은 "제사장 나라"(a kingdom of priests)와 "거룩한 백성"(a holy nation)으로서 하나님을 섬겨야 했다(출 19:4-6).

하나님은 이스라엘 민족을 세상의 무대에 세우셔서 하나님의 백성이 어떠한지를 세상에 보여주셨다. 하나님은 이스라엘 민족이 그분의 방식대로 살아가기를 원하셨고, 주위의 모든 민족이 그들을 주목하게 하셨다(신 4:1-8). 그리고 하나님은 이스라엘을 주위의 이방 민족들과 확연하게 차별화된 민족이 되게 하셨는데, 바로 그들에게 할례를 행하셨던 목적이 바로 이것이다. 이스라엘의 모든 남자아이들은 할례를 받아야 했다(창 17:12, "너희의 대대로 모든 남자는…난 지 팔 일 만에 할례를 받을 것이라"). 그리고 타국인으로서 이스라엘 민족의 일원이 되고자 하는 모든 남자도 할례를 받아야 했다(출 12:48). 아브라함의 부르심으로부터 그리스도의 강림하심까지 하나님의 백성을 세상으로부터 확연히 구별짓게 된 것이 바로 할례였다.

이 기간에 할례받은 이스라엘 남성은 자신의 영적인 상태가 할례받은 상태와 합치하는지와 상관없이 하나님 백성의 일원이 되었다. 할례 그 자체가 하나님을 향한 헌신의 표징을 의미했고, 할례는 하나님께 성별된 사람들이 하나님께 성별된 삶을 살아야 한다는 표징이 되었다. 이것이 바로 하나님께서 그의 백성에게 명령하신 것이다. "그러므로 너희는 마음에 할례를 행하고 다시는 목을 곧게 하지 말라"(신 10:16, 렘 4:4 참조). 그러나 물론 육체에 할례를 받은 모든 사람이 마음에 할례를 받지는 못했다. 사실 이스라엘 민족의 전체 역사가 잘 보여주고 있듯이, 옛 언약 아래에 있던 하나님 백성들의 대다수는 그분께 불순종했다. 그들은 우상을 숭배했고 불의와 부도덕을 자행했다. 그들의 왕과 왕자와 예언자와 제사장 백성은 하나님을 등지고 죄를 범했으며, 결과적으로 하나님을 격노케 하였다(렘 32:30-33). 백성들의 사악함이 너무나 컸기 때문에 결국 하나님은 그의 백성들을 자신의 땅에서 추방하셔서 옛 언약의 저주를 그들에게 퍼부었다. 먼저는 북왕국의 이스라엘에게, 그리고 다음으로 남왕국의 유다에게 저주하셨다(신 28:15-68, 왕하 17:6-23, 25:1-21).

하나님께서는 이스라엘을 향한 계획, 즉 그들을 통해서 모든 민족에게 하나님의 영광을 드러낼 계획을 세우셨다. 하나님은 그들이 순종하고 번성하여 다른 민족들과는 확연하게 구별된 민족임을 보여주기 위해서 그들에게 "옛 언약"을 주셨다. 그래서 그들은 하나님의 비교할 수 없는 지혜를 입증해야 했다. 그러나 이스라엘 백성의 마음은 부패했다. 그들의 죄는 어떠한 방법으로도 해결할 수 없을 정도로 심각했다. 그들은 율법, 성전에서의 예배, 그들 가운데 임한 하나님 영광의 임재(롬 9:4) 등 모든 혜택을 누렸다. 그러나 이러한 모든 혜택은 결국에는 전혀 혜택이 되지 못한 결과를 낳았다. "옛 언약" 가운데 있었던 너무나 많은 이스라엘 백성은 그 언약을 지키는 데 실패했다. 그들은 불순종했고 결국에는 저주를 받았다.

하나님의 백성에게 필요했던 것은 마음 이식(heart transplant) 수술이었다. 이 수술은 하나님께서 "새 언약"으로 그들에게 주시고자 약속하였던 바로 그것이다. 예레미야 31장 31~34절 말씀이다.

> "여호와의 말씀이니라 보라 날이 이르리니 내가 이스라엘 집과 유다 집에 새 언약을 맺으리라 이 언약은 내가 그들의 조상들의 손을 잡고 애굽 땅에서 인도하여 내던 날에 맺은 것과 같지 아니할 것은 내가 그들의 남편이 되었어도 그들이 내 언약을 깨뜨렸음이라 그러나 그날 후에 내가 이스라엘 집과 맺은 언약은 이러하니 곧 내가 나의 법을 그들의 속에 두며 그들의 마음에 기록하여 나는 그들의 하나님이 되고 그들은 내 백성이 될 것이라 여호와의 말이니라 그들이 다시는 각기 이웃과 형제를 가르쳐 이르기를 너는 여호와를 알라 하지 아니하리니 이는 작은 자로부터 큰 자까지 다 나를 알기 때문이라 내가

그들의 악행을 사하고 다시는 그 죄를 기억하지 아니하리라 여호와의 말씀이니라"(렘 31:31-34)

주님은 매우 강조해서 선포하셨다. 이 언약은 이스라엘 백성을 애굽에서 불러내어 시내 산에서 맺으셨던 언약과는 전혀 같지 않을 것이라고 말씀하셨다. 새 언약은 옛 언약과 어떻게 달랐을까? 그들은 이 새 언약을 범하려 할 수 없었다(32절).

그들은 왜 새 언약을 범할 수 없었을까? 왜냐하면, 하나님께서 자신의 가르침 즉, 토라(torah)를 그들 안에 두실 것이었고, 그들의 마음에 기록하실 것이었기 때문이다(33절). 하나님의 새 언약은 백성들 밖에 존재하는 어떤 것일 수 없었다. 그것은 백성들에게 대항하여 강제적으로 강요할 수 없었다. 새 언약은 그들 안에 살아 있을 것이다. 순종하고자 하는 마음이 그들의 내면으로부터 우러나올 것이었고, 결국 그들에게 하나님의 방식대로 살아가도록 인도할 것이다.

다음 장에서(예레미야 32장) 주님은 같은 약속을 다른 말씀으로 진술하고 계신다.

"내가 그들에게 한마음과 한 길을 주어 자기들과 자기 후손의 복을 위하여 항상 나를 경외하게 하고 내가 그들에게 복을 주기 위하여 그들을 떠나지 아니하리라 하는 영원한 언약을 그들에게 세우고 나를 경외함을 그들의 마음에 두어 나를 떠나지 않게 하고"(렘 32:39-40)

이 새 언약은 하나님 자신이 그의 백성들이 하나님을 경외하도록 할 수 있으므로 이 언약은 영원할 것이다. 그래서 그들은 하나님께 순종하고 하나님께만 매달려 있고 다시는 하나님을 떠나지 아니할 것이다. 이를 다르게 말하면 하나님께서 백성들의 마음에 할례를 행할 것이다. 그들 스스로는 할 수 없는 것을 하나님께서 그들을 위해 마음에 할례를 행할 것이다(신 30:6, "네 하나님 여호와께서 네 마음과 네 자손의 마음에 할례를 베푸사 너로 마음을 다하며 뜻을 다하여 네 하나님 여호와를 사랑하게 하사 너로 생명을 얻게 하실 것이며").

하나님께서는 에스겔서에서 같은 약속을 다른 방법으로 선언하셨다.

"또 새 영을 너희 속에 두고 새 마음을 너희에게 주되 너희 육신에서 굳은 마음을 제거하고 부드러운 마음을 줄 것이며 또 내 영을 너희 속에 두어 너희로 내 율례를 행하게 하리니 너희가 내 규례를 지켜 행할지라"(겔 36:26-27)

하나님께서는 그의 백성들에게 새 마음을 주실 것이며 그의 영이 그들의 마음속에 내주하게 할 것이다. 그리하여 그들은 이전에 순종해 본 적이 없는 방법으로 그분의 뜻에 순종할 것이다. 백성들의 마음에 새겨진 율법, 한 마음과 한 길, 할례받은 마음, 돌판이 아니라 심비에 새겨진 율법, 이 모든 것들을 통하여 하나님의 백성들은 새 언약 아래에서 하나님을 알고 하나님께 순종하게 될 것이다. 왜냐하면, 하나님 자신이 백성들을 근본적으로 안으로부터 밖으로 변화시키실 것이기 때문이다.

예레미야 31장의 새 언약의 약속에서 이웃 사람들이 서로 간에 "너는 여호와를 알라"라고 말할 필요조차 없을 것이다. 왜냐하면 "이는 작은 자로부터 큰 자까지 다 나를 알기 때문"(렘 31:34)이라는 것이다. 하나님의 백성들은 모두 하나님을 알 것이다. 우리가 지금 고려했던 모든 약속에서 암시된 것을 하나님께서는 여기서 명백하게 드러내실 것이다. 모든 하나님의 백성은 변화될 것이다. 새 언약 아래에 있는 사람 모두는 그 언약을 성취할 것이다. 하나님의 백성으로 구별된 모든 사람은 진실로 하나님의 백성들로서 살게 될 것이다. 이 새 언약은 종국적으로 언약에 속한 백성들과 언약을 지키는 백성들 간의 간격을 닫아버릴 것이다. 이것이 바로 새 언약의 존재 이유이다.

이스라엘 백성들은 시내 산에서 하나님과 맺었던 언약을 발로 걷어 차버렸다. 그래서 그들은 죄에 대한 정당한 보응으로 포로 생활의 처참함을 겪어야 했다. 그렇지만 새 언약에서는 모든 하나님의 백성은(일부가 아니다) 하나님을 알고 하나님을 섬길 것이다. 모든 하나님의 백성이 자신들의 모든 죄를 용서받을 것이다(렘 31:34b, "내가 그들의 악행을 사하고 다시는 그 죄를 기억하지 아니하리라"). 모든 하나님의 백성은 외면적으로가 아니라 내면적으로 참 하나님의 백성들이 될 것이다. 이것이 바로 새 언약을 "새" 언약 되게 하는 것이다. 이것은 하나님께서 모세의 언약을 통해 그의 백성들을 다루었던 것과는 확연하게 다른 것이다(렘 31:32, "이 언약은 내가 그들의 조상들의 손을 잡고 애굽 땅에서 인도하여 내던 날에 맺은 것과 같지 아니할 것은").

그리스도의 죽으심과 부활하심으로 인해서 하나님께서는 이 새 언약을 개시하셨다(눅 22:20, "이 잔은 내 피로 세우는 새 언약이니 곧 너희를 위하여 붓는 것이라." 히 9:15, "이로 말미암아 그는 새 언약의 중보자시니"). 오순절 날에 하나님께서는 예언자들에게 약속하셨던 대로 그의 성령을 그의 백성들에게 부어주셨다(행 2:1-41). 그날 이후로 하나님은 자신의 말씀과 성령으로 새 언약의 백성들을 그분 자신에게로 오라고 부르고 계시다.

옛 언약 아래에서 하나님은 아브라함의 혈연적인 후손들을 하나의 특별한 민족으로 구별하여 자기 백성으로 삼으셨다. 하나님은 그들에게 할례와 율법을 주심으로써 그들이 세상으로부터 구별되었다. 그러나 육체에 할례를 받은 사람들 모두가 마음에 할례를 받은 것은 아니었다. 언약 안에 있는 사람들 모두가 언약을 지키는 것은 아니었다. 그들의 영적인 상태와 상관없이 할례를 받음으로써 그들은 하나님의 백성들로 동일시되었다.

그러나 새 언약 아래에서는 하나님은 근본적으로 다른 방법으로 자신의 백성들을 삼고 있다. 하나님은 이제 더는 혈연적인 후손으로 자신의 백성으로 삼지 않으신다. 그 대신에 하나님은 성령에 의해서 복음의 말씀을 백성들의 마음에 적용함으로써 모든 민족으로부터 새 언약의 백성들을 부르신다. 하나님께서는 신생(new birth, 새로운 출생, 영적인 출생—역자 주)을 체험케 함으로써 새로운 언약의 백성들을 삼고 있다. 하나님의 새로운 언약의 백성이 되는 유일한 방법은 성령에 의해 거듭남으로 말미암는다.

유아세례는 하나님께서 옛 언약의 백성들을 삼는 것과 같은 방법으로, 다시 말해서 혈연적인 후손으로 삼는 방식으로 자신의 새 언약의 백성들을 삼는다고 주장하는 것인데, 이것은 전혀 잘못된 주장이다. 유아세례론자들은 뱁티즘의 언약적인 표징을 신자 부모의 갓난아기들에게로 확장하고 있다. 그들은 이러한 갓난아기들이 새 언약에 포함되어 있다고 믿기 때문이다. 어떤 사람이 새 언약으로 들어가는 것은 자연적인 출생에 의해서가 아니라 영적인 출생에 의해서이다. 새 언약 속에 있는 모든 사람은 자신들의 모든 죄를 용서받은 자들이고 따라서 그들은 주님을 체험적으로 안다. 새 언약 속에 있는 모든 사람은 그들의 마음에 쓰인 하나님의 율법을 가지고 있다. 새 언약 속에 있는 모든 사람은 하나님의 영(성령)이 그들의 마음속에 살아계셔서, 날마다 그들을 새롭게 하시고 그들이 하나님의 방식을 따라 살게 하신다. 그리스도인 부모에게 태어났다는 사실 그 자체가 이와 같은 새 언약의 실재들이 나타난다는 보장이 될 수 없다.

새 언약은 육체적인 출생이 아니라 영적인 출생 즉, 거듭남으로 작동한다. 그러므로 새 언약의 증표(침례)는 그리스도에 대한 분명한 신앙고백으로 말미암아 거듭남의 증거를 가진 신자들에게만 주어져야 한다.

4. 유아세례는 소금과 빛이어야 할 교회의 본질을 퇴락시킨다.

하나님의 옛 언약의 백성들은 그 본질에 있어서 영적인 혼합체였다. 할례라는 육체적인 증표는 마음에 할례를 받는 영적인 상태 이전에 갖게 되었고, 육체적인 할례를 받았다고 해서 마음에 할례를 받게 된다는 보장이 없다. 그래서 하나님은 새 언약을 통해서 이것을 바꾸어 버렸다. 새 언약의 백성들은 그 본질에 있어서 모두 새롭게 되었고, 모두 용서를 받았고, 모두 성령이 내주하시는 마음 상태를 갖게 되었다.

그렇다. 어떤 비그리스도인들도 언젠가는 불가피하게 교회에 가입하게 될 것이다. 그러나 이것은 원래 의도된 방법이 아니다. 이것은 어떤 결혼한 사람들이 음욕을 품고 간음을 행할 것이라고 말하는 것과 같다. 그들이 그렇게 할 수도 있겠지만 그렇게 해서는 안 된다! 이런 이유로 인해서 예수님은 교회권징을 제정하신 것이다(마 18:15-20). 회개하지 않는 삶을 사는 사람들은 새 언약의 구성원들이 아니므로, 그들은 새 언약의 공동체로부터 배제되어야 한다. 예수님이 이것을 명령하셨다는 사실은, 교회는 옛 언약 속에 있는 이스라엘 백성들과는 달리, 모든 사람이 주님을 아는 공동체의 일원이 되어야 했기 때문이다.

유아세례는 새 언약의 실재들에 참여하지 않은 자들을 지상에서 새 언약의 공동체로 인도하는 우를 범하는 것이다. 갓난아기들이 아직 그리스도 안에 있기도 전에 그들을 교회로 인도하는 것이다. 이렇게 함으로써 그리스도인이 아닌 비신자들을 교회의 회원들이 되게 하는 것이다. 이렇게 되면 불가피하게 그리스도를 향한 교회의 증언이 약화된다. 갓난아기일 때 유아세례를 받았던 19살의 교인이 반복적으로 죄를 범하여 출교를 시켜버린다면 그가 확실하게 예수님을 믿을 때까지 침례를 베푸는 것을 기다리는 것보다 더 가슴 아픈 일이 될 것이다.

그래서 유아세례를 행하는 그리스도인들의 의도가 아무리 고상하다고 할지라도, 갓난아기에게 세례를 베푸는 것은 결국 소금이어야 할 교회가 짠맛을 잃어버리게 되는 결과가 될 것이고, 빛이어야 할 교회가 빛을 내지 못하는 결과가 될 것이다(마 5:13-16). 거듭 말하지만, 유아세례는 교회를 더욱더 세상처럼 만드는 결과가 된다. 왜냐하면, 유아세례는 세상(불신자들)을 교회로 들여오는 것이기 때문이다.

·5. 유아세례는 침례와 할례 간의 명백한 차이를 모호하게 만든다.

유아세례는 침례와 할례 간의 두 가지 명백한 차이를 모호하게 만든다. 첫째로, 할례의 역할 가운데 하나는 하나님의 백성들을 하나의 분명한 혈연적인 민족으로 구별하는 것이다. 할례는 할례받은 사람이 마음에 할례를 받았는지와 상관없이 이러한 목적을 성취했다. 할례는 하나님께서 민족적이고 혈연적이고 정치적인 기준에 따라, 자신의 옛 언약의 백성들로 삼는 한 방법이었다. 때때로 유아세례를 지지하는 사람들은 할례의 영적인 면을 강조하는 경향이 있는데, 할례의 민족적이고 정치적인 기능을 완전히 간과하기도 한다. 이와 대조적으로 침례는 완전히 다른 영적인 후손의 모습을 묘사해 준다. 바로 성령에 의해서 거듭나는 것이다.

둘째로, 할례는 이스라엘 백성들을 하나님께 속한 민족으로 구별해 주었다. 할례를 통해서 어떤 사람을 하나님께 드렸는데, 할례받은 사람은 하나님의 "거룩한" 민족에 속하게 하였다. 그렇게 함으로써 할례는 하나님의 백성들에게 그들의 마음을 하나님께 드리고, 그들의 언약적 지위에 걸맞게 하나님을 향해 살도록 했다. 하나님의 육체적인 백성인 이스라엘은 이미 할례를 받았다. 그러나 주님은 그들에게 내면적으로 할례를 받도록, 그들의 마음에 할례를 받도록 명령하셨다(신 10:16, "그러므로 너희는 마음에 할례를 행하고 다시는 목을 곧게 하지 말라", 렘 4:4, "유다인과 예루살렘 주민들아 너희는 스스로 할례를 행하여 너희 마음 가죽을 베고 나 여호와께 속하라"). 한 남자의 몸에서 표피를 베어내는 행위는 큰 고통을 수반하는데, 그가 만약 언약을 불순종하게 되면 하나님의 존전과 하나님의 백성들로부터 베임을 당해 끊어지는 운명에

처할 수도 있다는 경고요 위협이다(창 17:11-14). 다른 말로 하면 할례는 거룩함을 위한 강력한 요구였다. 그것은 이스라엘 백성들에게 새로운 성품을 가져야 한다는 필요성을 상기시켰다.

반면에 침례는 어떤 사람이(남자든 여자든-역자 주) 이미 거듭났으며, 새로운 자아를 가졌으며, 성령으로 인해 내면적으로 새롭게 변화되었음을 증거하는 상징이다. 침례는 어떤 사람이 그리스도와 연합되고 그분 안에서 새로운 생명을 소유하고 있음을 증거하는 것이다. 신약성서는 신자들에게 이렇게 말하지 않는다.

"그러므로 너희는 너희 마음에 침례를 행하고 다시는 목을 곧게 하지 말라"(신 10:16 참조)

그 대신에 신약성서는 이렇게 말한다.

"너희는 이미 침례를 받았음을 기억하라. 계속해서 죄 가운데 살지 말아라. 너희는 죄에 대하여 이미 죽었느니라! 너희는 그리스도 안에서 너희의 것이 된 새로운 생명과 부활의 생명을 살아내어라"(롬 6:1-4 참조)

침례는 어떤 신자의 삶을 통해 그리스도 안에서 성취된 새로운 생명에 대한 약속을 가리키고 있다. 할례는 어떤 사람을 신분적으로는 성별했지만 마음의 헌신을 계속 요구한다. 침례는 그리스도 안에서 신자의 마음에 이미 헌신이 이루어졌음을 말한다.

유아세례론자들은 할례와 침례 사이에 매우 뚜렷한 선을 긋는다.

육체적인 할례는 새로운 언약의 성취가 유아세례에서 이루어진다고 주장한다. 그러나 사도 바울은 전혀 새로운 선을 긋고 있다. 골로새서 2장 11~12절을 살펴보자.

> "또 그 안에서 너희가 손으로 하지 아니한 할례를 받았으니 곧 육의 몸을 벗는 것이요 그리스도의 할례니라 너희가 침례로 그리스도와 함께 장사 되고 또 죽은 자들 가운데서 그를 일으키신 하나님의 역사를 믿음으로 말미암아 그 안에서 함께 일으키심을 받았느니라"

그리스도인들은 이미 할례를 받았다고 바울은 말한다. 어떻게? 그것은 "손으로 하지 아니한" 할례이다. 어떤 인간에 의해 행해진 할례가 아니었다. 그러면 누가 우리에게 할례를 베풀었을까? 우리가 "육의 몸을 벗었을" 때, 다른 말로 하면 우리가 우리의 죄악 된 옛 성품을 벗어버렸을 때, 우리는 영적인 할례(spiritual circumcision)를 받은 것이다. 누가 그렇게 할 능력을 갖추고 있을까? 물론 하나님뿐이시다. 하나님 자신께서 우리의 옛 자아를 베어버리셨을 때, 우리의 죄악 된 성품을 죽이셨을 때, 우리에게 그리스도 안에서 새로운 마음과 새로운 영과 새로운 자아를 주셨을 때, 우리 그리스도인들은 "할례를 받았다." 다른 말로 하면, 하나님께서 이스라엘 백성들에게 요구하셨고 예언자들을 통해서 약속하셨던 마음의 할례를, 모든 그리스도인은 이미 받았다고 사도 바울은 말하고 있다.

마음의 할례는 침례와 어떤 관계가 있는 것일까? 바울은 우리가 믿음으로 말미암아 그리스도와 함께 장사지낸 바 되고 부활하였다고 말하고 있는데, 이러한 체험을 침례로 고백한다는 것이다. 믿음이 공개되는 곳에 침례가 있으므로, 침례는 우리의 회심 체험의 전 과정을 요약하여 보여주는 것이라고 바울은 말하고 있다. 우리는 언제 우리의 옛 자아를 버렸는가? 우리가 믿음으로 장사지낸 바 되고 그리스도와 함께 부활했을 때이다. 침례는 우리가 믿음으로 경험하게 된 죽음과 부활을 그림처럼 묘사해 주는 의식이다.

그러면 할례는 침례와 어떻게 연관되는 것일까? 침례는 육체의 할례가 아니라 마음의 할례를 받았다고 하는 새로운 언약의 증표이다. 할례가 요구했지만, 그 실현을 보증해 주지 못했던 실재들이, 신자의 삶 가운데서 이제 현실화하였다는 것을 침례는 보여준다. 할례가 지향했지만 이루지 못했던 것이, 이제 성취되었다는 것을 침례는 보여준다. 새 언약에서 할례는 그 목적을 어떻게 성취할 수 있을까? 새 언약의 실재들을 체험하지 못했고 아마도 체험하지 못할지도 모를 갓난아기들에게 유아세례를 베풂으로써는, 결코 그 목적을 성취할 수 없다. 새 언약에서는 마음의 할례를 묘사해 주는 침례의 방법으로 할례의 목적은 성취되는 것이다. 할례는 이스라엘 백성들에게 말했다. "너희 자신들을 새롭게 하라!" 그러나 침례는 그리스도인들에게 이렇게 말한다. "이 사람들은 새롭게 되었다!"

· 6. 유아세례는 하나님의 새 언약의 약속을 제대로 된 약속이 되지 못하게 한다.

마지막으로 유아세례는 하나님의 새 언약의 약속을 제대로 된 약속이 되지 못하게 한다. 유아세례론자들은 사도행전 2장 38~39절을 인용하기를 좋아한다. "이 약속은 너희와 너희 자녀에게…하신 것이라." 그러나 여기서 우리는 무슨 약속을 말하고 있는가? 유아세례론자들은 하나님께서 자신의 새 언약의 약속을 당신과 당신의 자녀들에게 하고 계신다고 말한다. 그런데 유아세례론자들이라 할지라도 유아일 때 세례를 받은 사람들은 실제로는 아직 그리스도께 믿음으로 나아온 것이 아님을 인정한다. 어린 시절에 새 언약의 증표인 세례를 받은 많은 사람은 새 언약의 실재들을 체험하지 못했다. 그렇다면 어떤 의미에서 제대로 된 하나님의 새 언약의 약속이 실제가 될 수 있을까?

유아에게 세례를 베푸는 것이 하나님의 새 언약의 약속 성취가 될 수는 없다고 나는 주장한다. 대다수의 유아 세례론자들은 새 언약에 속하게 되는 데에는 두 가지 방법이 있다고 주장한다. 하나는 외면적으로, 그리고 다른 하나는 내면적으로. 다른 말로 하면 죄 용서를 받지 못하고 하나님의 계명을 마음에 새기지도 못하고 주님을 알지도 못한 상태일지라도, 새 언약의 회원이 될 수 있다고 주장한다. 그러나 지금까지 우리가 살펴본 대로 언약에 속하는 것과 언약을 성취하는 것, 이 둘 사이를 구분하면 유아세례는 더는 제대로 된 약속이 되지 않는다. 새 언약 하에서는 언약에 속한 모든 자가 언약을 성취하며 그 축복을 누리게 된다고 하나님께서는 약속하신다. 왜냐하면, 하나님께서 보증하시기 때문이다. 하나님 자신이 그들의 마음 판에 하나님의 계명을 써주시고 그들에게 하나님에 관한 참지식을 주시고 그들의 모든 죄를 용서해 주신다(렘 31:31-34). 새 언약의 전체 그림은 이러하다. 언약 속에 있는 것이 언약을 성취하는 것이고, 새 언약에 속해 있는 것이 새로운 마음과 새로운 자아를 이미 가지고 있다는 것이다.

신자의 어린 자녀들을 새 언약에 포함함으로써, 유아세례론자들은 하나님의 새 언약의 약속을 제대로 된 약속이 되지 못하게 한다. 유아세례는 구속역사의 진보를 거꾸로 돌리는 것이다. 새 언약 속에 하나님께서 없애버린 장벽을 끼워 넣는 것이다. 언약에 속하는 것과 언약을 성취하는 것 사이에는 장벽이 있을 수 없다. 하나님의 백성이 되고 하나님을 참으로 아는 것으로 인해 새 언약은 성취가 되는 것이다.

유아세례론자들은 "새 언약 안에는 거하지만 새 언약에 속하지는 못하는" 새로운 범주를 만들고 있다. 이렇게 되면 하나님의 약속은 제대로 된 약속이 되지 못한다. 유아세례를 받은 어린아이가 자라서 주님을 알게 된다는 보증이 되지 못한다. 이 사실은 유아세례론자들도 인정하는 바이다. 그렇다면 하나님께서는 신자들의 어린 자녀들에게 어떤 "약속"을 주시는가? 유아세례는 새 언약의 약속을 주는 것이 아니다. 만약 그 약속이 실현되지 않은 상태라면(그 아이가 예수님을 인격적으로 만나는 신앙적 체험을 하기까지는-역자 주) 그것은 제대로 된 하나님의 약속이 아니다.

유아세례론자들의 반대주장들에 대한 답변

물론 유아세례론자들은 여기서 강조했던 주장들에 관해 반대주장들을 펼친다. 그들의 반대주장들에 대해 충분히 그리고 공정하게 답변을 해 드리겠다. 그들의 반대 주장들 다섯 가지를 생각해 보겠다.[5]

---

5 나는 이 부분에서 브루스 웨어의 다음 논문에서 인용을 하였다. Bruce A. Ware, "Believers'

· **1. 사도행전에 등장하는 가문 뱁티즘은 새 언약에서 하나님께서는 여전히 가족들을 가족들로 취급하고 있음을 보여준다고 주장한다.**

유아세례론자들은 사도행전에 등장하는 소위 "가문 뱁티즘"(household baptism)을 지적하면서, 새 언약에서 하나님께서는 여전히 갓난아기들이나 어린아이들을 가족들로 취급한다는 점을 말한다(행 16:15, 31-34, 고전 1:16 참조). 한 집안의 가장이 믿음에 이르게 되었을 때 집안의 모든 가족이 침례를 받았다면, 당연히 갓난아기들이나 어린아이들도 포함되어 있었을 것이라고 유아세례론자들은 주장한다. 하나님의 구원이 가족들 모두에게 이르렀다면 갓난아기들도 당연히 포함되었을 것인데, 그렇다면 신자들의 갓난아기들이나 어린아이들에게도 세례를 베풀어야 한다고 유아세례론자들은 주장한다.

그들이 주장하는 논리는 그럴듯하다. 그러나 성경 본문은 실제로 어떻게 말하고 있을까? 빌립보 간수의 집에서 바울과 실라에게 일어났던 사건을 성경은 다음과 같이 진술하고 있다.

> "주의 말씀을 그 사람과 그 집에 있는 모든 사람에게 전하더라 그 밤 그 시각에 간수가 그들을 데려다가 그 맞은 자리를 씻어 주고 자기와 그 온 가족이 다 침례를 받은 후 그들을 데리고 자기 집에 올라가서 음식을 차려 주고 그와 온 집안이 하나님을 믿으므로 크게 기뻐하니라"(행 16:32-34)

첫째로, 바울과 실라는 그 집에 있던 모든 사람에게 "주님의 말씀을 전하였다"라는 점에 주목하기 바란다. 그 집에 있던 사람들은 누구나

Baptism View," in *Baptism: Three Views*, 19-50.

복음 설교를 들을 수 있을 만큼 나이가 들었던 사람들이다. 이 사실은 그 집에는 갓난아기들이나 매우 어린아이들이 있지 않았다는 사실이다. 둘째로, 빌립보 간수는 "온 집안 식구들과 함께" 하나님을 믿었기 때문에 크게 기뻐했다고 말한다. 여기에 있는 헬라어 부사구 "온 집안 식구들과 함께"는 "기뻐했다"라는 동사를 수식하거나 "믿었다"라는 동사를 수식하는 것일 텐데, 사실은 이 양자를 모두 수식하고 있다고 볼 수도 있다. 간수의 집안사람들 전체가 복음을 들었고, 믿었고, 침례를 받았기 때문에, 그와 함께 기뻐했다.

 이러한 성경 구절들에서는 침례 받은 것과 복음을 믿은 것을 분리하지 않는다. 이 구절들은 복음의 증표(침례-역자 주)를 복음을 믿지 않은 자들에게 베풀었다고 결코 말하지 않는다. 사도행전 16장 15절("그와 그 집이 다 침례를 받고 우리에게 청하여 이르되 만일 나를 주 믿는 자로 알거든 내 집에 들어와 유하라 하고 강권하여 머물게 하니라")의 보다 압축된 설명을, 보다 자세한 진술의 관점에서 읽어야 한다. 더 나아가서 이러한 성경 구절들이 그리스도를 믿지 않는 갓난아기나 어린아이의 집안 식구들에게까지도 침례를 베풀라고 가르치고 있다면, 대다수의 유아세례론자들은 새신자들의 배우자들이 믿음에 이르렀는지 그렇지 않았는지 상관하지 않고, 왜 그들에게 침례를 베풀었을까? 그들의 10대 자녀들과 성인이 된 자녀들에게도 (예수님을 안 믿었는데도-역자 주) 침례를 베풀었을까?

· **2. 바울은 자녀들에게 "주 안에서"(엡 6:1) 부모들에게 순종하라고 말하고, 예수 믿는 부모의 자녀들은 "거룩하다"라고 말하므로 그들은 언약의 회원들(covenant members)이라고 주장한다.**

에베소서 6장 1절에서 바울은 자녀들은 "주님 안에서" 그들의 부모들에게 순종하라고 말한다. 그리고 고린도전서 7장 14절에서 믿는 부모의 자녀들은 비록 한 쪽이 그리스도인이 아니라고 할지라도 "거룩하다"라고 말한다. 바울은 여기서 언급한 자녀들을 새 언약의 회원들로 간주하고 있는 것이 아닐까?

에베소서 6장 1절의 말씀을 다시 살펴보자. 바울이 이 자녀들을 "주님 안에" 있다고 말하는 표현의 의미는 무엇일까? 장로교 신약학자인 프랭크 틸만(Frank Thielman)이 훌륭한 답변을 주고 있다. 에베소서 전체를 통해서 "주님 안에서"라는 구절은 그리스도에게 연합되어 있는 신자들을 지칭할 때 사용되는 표현이다. 신자들은 "주 안에서"(엡 2:21) 거룩한 성전이 되어 간다. 에베소 그리스도인들은 과거에는 어둠 가운데 있었다가 이제는 주 안에서 빛이 되었다(엡 5:8, "너희가 전에는 어둠이더니 이제는 주 안에서 빛이라," 엡 4:1, 4:17 참조). 바울은 여기서 왜 이런 식으로 자녀들에 대해 언급하고 있을까? 왜냐하면, 그들이 "그(그분, 그리스도) 안에서 믿음으로 그리스도에게 연합되었기 때문에"(엡 1:13), 그들은 자신들의 부모들에게 순종해야 한다"[6]는 것이다.

다른 말로 하면, 바울은 아직 믿음으로 그리스도와 연합되어 있지 않은 자녀들을 새 언약의 회원들로 말하지 않는다는 것이다. 반대로

---

6 프랭크 틸만의 주장이다. Frank Thielman, *Ephesians*, BECNT (Grand Rapids: Baker, 2010), 397.

바울은 자녀들을 예수 믿는 신자들로 언급하면서 그들에게 신자들로서 그들의 부모에게 순종하라고 말한다. 믿는 부모에게서 태어나긴 했지만, 아직 믿지 않은 자녀들이 특별한 새 언약의 지위를 가진다고 바울은 말하지 않는다.

고린도전서 7장 14절에서 어떤 사람이 이미 결혼을 했는데 한쪽이 그리스도인이 되었다면, 그는 안 믿는 배우자와 헤어져야 한다는 잘못된 생각에 대해 바울은 비판하고 있다. 그의 주장은 이러하다. "믿지 않는 남편이 그의 (믿는-역자 주) 아내 때문에 거룩하게 되고, 믿지 않는 아내가 그의 (믿는-역자 주) 남편 때문에 거룩하게 된다. 그렇지 않다면 너희 자녀도 깨끗하지 못하다. 그러나 이제 거룩하다." 유아세례론자들은 종종 이렇게 추론한다. 바울은 부모 가운데 예수 믿는 한쪽 배우자의 자녀들은 "거룩하다"라고 본다는 것이다. 왜냐하면, 그 자녀들은 비록 그들이 아직 새 언약의 약속 성취를 체험해 보지 못했다고 할지라도 새 언약의 회원들이라는 것이다.

여기서 주목해야 할 첫 번째 사실은 이 본문에서는 침례에 대해서 분명하게 언급하지 않는다는 점이다. 두 번째로 바울은 믿지 않는 배우자를 그 자녀들과 똑같은 방법으로 "거룩하다"라고 말한다는 점이다. 이 본문을 유아세례를 찬성하는 주장이라고 해석하게 되면, 믿지 않는 불신자들에게 침례를 베푸는 것을 찬성하는 주장도 될 수 있다. 유아세례론자들 가운데 이러한 견해를 밝히는 사람들은 거의 없다. 이 구절로부터 유아세례를 옹호하고 그 타당성을 주장하는 것은 전혀 옳지 않다.

· 3. 로마서 4장 11절에서 아브라함은 믿음으로 의롭게 되었다는 보증으로서 할례의 표를 받았다고 바울은 말하고 있다고 주장한다.

로마서 4장 11절에서 아브라함이 "할례의 표를 받은 것은 무할례시에 믿음으로 된 의를 인친 것이니 이는 무할례자로서 믿는 모든 자의 조상이 되어 그들도 의로 여기심을 얻게 하려 하심이라"라고 바울은 말하고 있다.

그러니까 바울은 아브라함에게는 그가 할례를 받기 전에 믿음으로 얻게 된 의가 바로 할례의 표라고 가르친다. 유아세례론자들은 태어난 지 8일 만에 할례를 받은 아브라함의 (혈연적인-역자 주) 후손들은, 아브라함의 믿음과 믿음으로 말미암아 얻게 되는 의를 체험하기도 전에 "믿음으로 말미암는 의"의 보증을 받았다는 점을 지적한다. 다른 말로 하면 하나님께서는 아브라함에게 "믿음으로 말미암는 의"의 주관적인 실재(체험-역자 주)가 있는지와 상관없이, 할례의 "객관적인" 표를 갓난아기에게 확장해서 베풀라고 명령했다는 것이다. 더 나아가서 유아세례론자들은 뱁티즘과 할례는 본질에서 같은 실재를 의미한다고 주장한다. 그러나 할례는 "믿음으로 말미암는 의"를 의미했고, 침례는 그리스도와의 연합을 의미하고 그분에 대한 믿음으로 우리가 의롭다고 인정을 받는 것이라고 주장한다. 그러므로 뱁티즘은 할례처럼 언약의 회원들인 어린아이들에게 믿음이라는 주관적인 실재(체험-역자 주)가 없다고 하더라도, 그리스도와의 연합의 "객관적인" 표로서 그들에게 뱁티즘(유아세례)이 베풀어져야 한다고 주장한다.

그러나 이러한 주장은 바울이 이 본문에서 말하고자 하는 요점이 전혀 아니다. 바울의 요점은 의롭게 된 것과 할례를 받은 것의 순서이다. 아브라함은 할례를 받기 전에 믿음으로 의롭다 함을 받았다. 창세기 15장은 창세기 17장 전에 등장한다. 바울은 아브라함이 "할례를 받지 않고도 모든 믿는 자들의 조상이 되었다"(롬 4:11)는 실재를 강조하고 있다. 달리 표현하면 할례받지 않은 이방인들일지라도 그리스도를 믿기만 하면 아브라함처럼 의롭게 된다고 선언한 것이다. 이방인들은 하나님의 언약 축복을 받기 위해서 할례를 받을 필요가 없는 것이다. 왜냐하면, 아브라함 자신이 믿음으로 의롭다 함을 받았을 때, 그는 할례를 받지 않은 상태였기 때문이다.

다른 말로 하면 바울은 지금 다른 사람들의 할례가 아니라 아브라함의 할례에 대해서 말한다. 하나님께서 아브라함에게 할례의 언약을 주시기 전에, 그를 의롭다고 선포하셨던 것이 무슨 의미인지를 말한다. 바울은 할례가 "믿음으로 말미암는 의"를 본래 의미하는 것이라고 가르치지 않는다. 이와 반대로 할례의 표는 아브라함 개인의 "믿음으로 말미암는 의"를 보증하는 것이라고 바울은 가르친다. 하나님께서는 아브라함이 이미 소유하고 있던 "하나님 앞에서 올바로 서 있다"(the right standing before God, 믿음으로 말미암는 의-역자 주)라는 확증으로서 그에게 할례를 베푸신 것이다. 바울의 요점은 할례가 그것을 받는 모든 사람에게 무슨 의미인가에 있지 않고, 하나님께서 아브라함에게 할례를 주심으로써 그에게 무엇을 말하고자 한 것이었다.

마지막으로 로마서 4장 11절 본문 말씀은 어디에도 뱁티즘이나 유아뱁티즘에 대해서 언급하지 않고, 그리고 뱁티즘을 할례와 연결 짓지도 않는다. 동시에 이 본문에서는 뱁티즘과 할례가 같은 실재들을 의미한다고도 주장하지 않고 같은 방법으로 집례되어야 한다고도 강조하지 않는다.

· 4. 유아세례를 거부하면 어린이들을 교회로부터 쫓아내는 것이라고 주장한다.

유아세례론자들은 하나님께서 옛 언약 아래에서 신자의 자녀들을 자신의 백성에 포함하셨기 때문에, 갓난아기들에게 세례를 베푸는 것을 거부하면 결과적으로 어린이들을 교회로부터 쫓아내는 것이라고 말한다. 그러나 이러한 주장은 교회란 무엇이며 하나님께서 교회를 어떻게 형성하시는가?라는 근본적인 질문에 답을 하지 못한다. 만약 하나님께서 자신 백성들의 삶에서 새 언약의 약속을 유효하게 하심으로 교회를 구성한다면, 예수님을 믿지 않는 어린이들은 침례나 유아세례를 받았든지, 받지 않았든지 상관없이 믿음으로 그리스도와 연합된 자들 즉, 그리스도의 우주적인 몸인 교회 "안에"(in) 있지 않은 것이다. 유아들에게 세례를 베푸는 사람들은 그들이 교회 "안에"(in) 있어야 하는데 그들을 교회 "밖에"(out) 둔다고 주장한다. 그러나 그들은 실제로 여전히 교회 밖에 있음에도 불구하고 그들을 교회 안에 두는 것이 바로 유아세례 행습이다.

물론 어린이들도 교회 생활에 참여하여 예배를 드려야 하고, 교회에서 가르치는 신앙교육을 받아야 하고, 성도들의 교제에 함께 참여하여 신앙심이 더욱 깊어져야 하는 것은 당연하다. 유아세례론자들뿐 아니라 침례교인들도 우리의 자녀들을 "오직 주의 교훈과 훈계로 양육하도록"(엡 6:4) 부르심 받은 것을 인정하고 믿는다. 주님 안에서 훈련받고 양육받는 것은, 어린이의 나이와 성숙도와 영적인 상태에 따라서 적절한 방법으로 교회 생활에 적극적으로 참여하는 것을 포함하는 것이다.

· 5. 유아세례를 거부하는 것은 성경과 하나님의 구원계획의 통일성을 파괴하는 것이라고 주장한다.

유아세례론자들은 하나님의 구원계획의 통일성과 연속성을 강조하기를 좋아한다. 그들은 전체 성경을 그러한 관점에서 바라보아야 한다고 강조한다. 모든 그리스도인은 이에 대해 "아멘"(Amen) 해야 한다고 한다. 하나님은 한 분이시다. 그분은 하나의 구원계획을 가지고 계시다. 하나님은 모든 민족으로부터 하나의 백성을 모으고 계시다. 그들은 하나의 제물인 예수 그리스도로 말미암아 구원을 받고 그분 안에서 하나님의 모든 약속을 기업으로 받는다.

그러나 모든 그리스도인은 또한 하나님의 구원계획의 비연속성들에 대해 이해해야 한다. 우리는 이제 더는 예루살렘 성전에서 희생제물을 드리지 않는다. 우리는 이제 의식적인 정결을 유지해야 한다든지 모세의 율법에서 명령한 어떤 음식들을 삼가야 한다든지 하는 하나님의 율법에 속박당하지 않는다. 모든 그리스도인은 옛 언약과 새 언약 간의 연속성과 비연속성의 균형을 가져야만 한다. 만약 어떤 그리스도인들이 신자들은 모세의 율법에 복종하여 그들의 자녀들에게 할례를 행해야 한다고 주장한다면, 유아세례론을 주장하는 그리스도인들은 어떻게 반응해야 할까? 사도 바울에 의하면 그러한 주장을 하는 그리스도인들은 구속사의 흐름에서 시계를 거꾸로 돌리고 있고 하나님께서 옛 언약과 새 언약 간의 비연속성을 지워버리는 사람들인 것이다.

모든 그리스도인은 옛 언약과 새 언약 간의 연속성과 비연속성, 양자를 모두 보아야 한다. 요점은 올바른 균형을 갖는 것이다. 이 장에서 나는 유아들에게 세례를 베푸는 것은 새 언약이 불연속성을 강조하고 있는 것에서 연속성을 강하게 강조하는 것이라고 주장해 왔다. 유아세례는 새 언약이 해체해 버린 옛 언약을 다시 불러들이는 것이다 (할례는 육체적 이스라엘로 들어가는 관문이었는데, 영적 이스라엘 즉 교회로 들어가는 관문은 유아세례가 아니라 예수님을 믿음으로 말미암는 거듭남의 체험, 다시 말하면 영적 출생이다. 거듭난 신자에게 베푸는 뱁티즘이 새 언약의 증표이다-역자 주).

전혀 맞지 않는 주장

무엇을 더 추가해서 말해야 할까? 단순하게 유아세례는 성경이 말하는 뱁티즘이 아니다. 성경은 교회가 유아들에게 세례를 베풀라고 명령하지도 않고 암묵적으로 권위를 부여하지도 않는다. 유아세례론자들의 주장이 아무리 그럴듯하게 들릴지는 모르겠으나, 그것은 성경이 뱁티즘과 새 언약에 대해서 말하는 것과는 전혀 맞지 않는 주장이다.

만약 당신이 유아로서 "세례를 받았다면"(baptized), 당신이 성경이 말하는 그 "세례"(baptism)가 왜 전혀 성경적인 뱁티즘이 아닌지를 이해하게 되기를 바란다. 이 말은 유아세례가 동력기에 문제가 있음에도 계속 엔진 거는 소리를 내는 자동차처럼 결함이 있다는 말이 아니다. 유아세례는 단순하게 말해서 뱁티즘이 아니다. 유아로서 세례를 받았던 사람들은 실제에 있어서 뱁티즘을 받은 것이 아니다. 그들은 침례를 받을 필요가 있다.

  그런데 이렇게 이해를 하게 된 사람 중에 어떤 이들은 여전히 침례 받기를 주저하기도 한다. 왜냐하면, 침례를 받으면 그들의 부모로부터 책망을 들을지 모른다고 생각하기 때문이다. 물론 우리는 우리 부모를 공경해야 한다. 그리고 그들과 신학적인 불일치가 있다면 견해의 차이를 부드럽고 겸손하게 말해야 한다. 그렇지만 예수님만이 우리에게 궁극적인 순종을 요구하시는 분이시다. 만약 예수님이 뱁티즘에 대해서 우리 자신의 부모와 다르게 이해하고 계신다면, 우리는 부모가 아니라 예수님께 먼저 순종할 필요가 있다(눅 14:26, "무릇 내게 오는 자가 자기 부모와 처자와 형제와 자매와 더욱이 자기 목숨까지 미워하지 아니하면 능히 내 제자가 되지 못하고").

4장
왜 교회회원권을 위해 침례를 받아야 할까?

여러분들 중에 어떤 분은 자신들이 교회에 가입하기를 원하고 교회 가입을 위해서는 침례를 받아야 하므로 이 책을 읽고 있을지 모르겠다. 먼저 왜 교회는 교회회원권(church membership)을 위해 침례 받기를 요구할까? 이렇게 하는 것이 진정한 성서적인 행습일까? 이렇게 하면 어떤 참 그리스도인들이 교회회원권을 박탈당하게 되는 것은 아닐까? 왜냐하면, 모든 그리스도인이 하나 같이 침례와 관련한 교리에 동의하지는 않기 때문이다.

이 장에서는 침례를 받는 것이 왜 교회회원권을 위해 필요한가? 하는 점에 대해, 성서의 예들을 제시하면서 설명하고자 한다. "침례"(baptism)라는 말은 유아에게 베푸는 유아세례가 아니라 신자에게만 베푸는 침례(신자의 뱁티즘, believer's baptism-역자 주)를 의미한다. 전 장에서 살펴본 바대로 유아세례는 단순하게 말해서 성서가 말하는 침례가 아니다.

이 장은 교회지도자들에게도 해당하는 내용이다. 왜냐하면, 그들은 자신들이 섬기는 교회가 교회회원권을 위해 침례를 받아야 하는가?에 대해 가장 큰 영향을 끼치는 사람들이기 때문이다. 나의 목적은 당신의 교회에서 그렇게 해야 한다고 설득하기 위한 것이다. 나는

일곱 단계로 가장 격렬한 반대주장들에 대해 답변을 하려고 한다.[7]

교회회원권을 위해
침례를 받아야 하는 일곱 가지 이유

이 주제에 대해 직접적으로 명백하게 말해 주는 성경 본문을 찾기는 쉽지 않다. 왜 침례가 교회회원권을 위해 요구되는가? 하는 점을 분별하기 위해서, 우리는 여러 성경 본문을 검토하고 분별할 필요가 있다. 이 장에서 약간의 신학적인 논쟁을 통해서 우리가 제1장에서 탐구했던 침례의 정의를 더욱 깊이 살펴보고 그 의미를 풀어보겠다. 성경의 가르침에 따라서 침례가 교회회원권을 위한 필수 요건이라는 사실을 일곱 가지로 설명을 하겠다.

· 1. 침례는 자신의 믿음을 공개하는 것이다.

제1장에서 언급한 바 있는 침례의 정의를 회상해 보기 바란다.

> "침례란 신자를 물속으로 침수시킴으로써 신자와 그리스도가 연합되었음을 확인하고 표현해 주는 교회의 행위다. 또한, 신자가 그리스도와 그분의 백성들에게 공개적으로 헌신한 것을 고백함으로써 신자는 교회와 연합되었고 세상으로부터는 분리되었음을 선

---

[7] 이 장의 내용은 나의 저서에서 많은 부분을 인용했다. Bobby Jamieson, *Going Public: Why Baptism Is Required for Church Membership* (Nashville, TN: B&H, 2015).

언하는 신자의 행위다."

다른 말로 하면 침례는 자신의 믿음을 공개하는 것이다. 그리스도인의 삶이란 그리스도에 대한 공개적인 증언의 삶이다(마 10:32-33). 그 증언은 침례로부터 시작된다. 오순절 날 베드로의 설교를 듣고 회심했던 사람들은 무리로부터 앞으로 나와서 침례를 받음으로써, 주님이요 구주로서 그리스도께 충성서약을 했다(행 2:38-41). 침례를 받음으로써 우리는 그리스도인으로서 우리 자신을 "밖으로" 드러낸다. 우리는 십자가에 못 박히시고 부활하신 그리스도와 그리고 그분의 백성들과 공개적으로 동일시한다.

우리가 이미 살펴보았듯이, 예수님은 그의 제자들에게 복음을 선포함으로써 모든 민족을 제자로 삼고 그들에게 침례를 베풀고 그분이 분부하신 모든 것을 가르쳐 지키게 하라고 명령하셨다(마 28:19). 그래서 베드로는 오순절 날에 그의 청중들에게 이렇게 말했다는 것은 놀라운 일이 아니다. "너희가 회개하여 각각 예수 그리스도의 이름으로 침례를 받고 죄 사함을 받으라"(행 2:38). 만약 당신이 그리스도를 따르겠다고 결심했다면, 당신이 순종해야 할 많은 명령 중의 첫 번째가 침례를 받는 것이다. 그리스도를 신뢰한 후에 믿음으로 행해야 할 첫 번째 순종이 바로 침례인 것이다. 만약 당신이 아직 침례를 받지 않았다면 당신은 예수님의 제자가 되기 위한 체크리스트의 첫 번째 항목에 아직 체크를 하지 않은 것이다.

교회회원권을 위해 왜 침례를 요구할까? 왜냐하면, 침례는 자신의 믿음을 외부로 공개하는 것이기 때문이다. 비가시적인 믿음을 처음으로 가시화하는 것이 침례이다. 그것은 새신자가 교회와 세상의 레이더망에 자신을 드러내는 것이다. 이 이유가 다음의 이유가 자라도록 하는 첫 씨앗이다.

2. 침례는 새 언약의 최초 서약증표이다.

신자가 그리스도와 그분의 백성들에 대한 헌신의 표시로 침례를 받기 때문에, 그것은 새 언약의 최초 서약증표이기도 하다. 침례는 새신자가 그리스도를 신뢰하고 새 언약을 살아내겠다고 하는 약속을 공개적으로 보여주는 행동인 것이다.

우리가 전장에서 살펴보았던 대로(렘 31:31-34, 눅 22:19-20, 히 8:1-13), 예수님은 자기 죽음을 통해서 약속된 새 언약을 개시하셨다. 모든 언약은 서약을 통해서 재가된다. 엄숙하게 자신이 의무를 다하겠다는 서약을 통해서. 그러나 서약은 말로만 해서는 안 되는 것이다. 행동으로 보여주어야만 한다. 하나님께서 아브라함과 언약을 맺으실 때 하나님은 제물로 드려진 동물을 반으로 갈라서 그 갈라진 사이를 지나갔다(창 15:1-21). 이 서약증표는 하나님께서 아브라함에게 하신 약속을 재가하는 것이다. 만약 아브라함이 하나님과의 언약을 신실하게 지키지 않으면 그 자신이 하나님으로부터 심판을 받게 될 것을 의미했다. 아들 하나님(성자)이신 예수님은 십자가 죽음에서 자신의 불신실함 때문이 아니라 우리의 불신실함(죄-역자 주) 때문에 심판을 당하셨다. 예수님께서 우리의 죄를 위해 궁극적인 대가를 치르셨을 때 그 새 언약은 재가가 되었다(히 9:15, "이로 말미암아 그는 새 언약의 중보자시니 이는 첫 언약 때에 범한 죄에서 속량하려고 죽으사 부르심을 입은 자에게 영원한 기업의 약속을 얻게 하려 하심이라").

　옛 언약 아래에서는 개인이 그 언약으로 들어가기 위한 서약증표가 할례였다. 새 언약 아래에서는 하나의 언약증표가 있는데, 실제로는 두 가지이다. 첫째로, 최초의 언약증표가 바로 침례이다. 그것은 신자가 새 언약으로 들어가는 것을 재가해 주는 엄숙하고 상징적인 서약이다. 침례를 받음으로써 우리는 하나님께 그분의 새 언약의 조건들에 근거하여 우리를 받아 줄 것을 호소하는 것이다(벧전 3:21). 그리고 우리는 그분의 새 언약이 우리에게 요구하는 모든 조건을 은혜로 성취할 것을 서약하는 것이다(마 28:19). 침례로 우리는 하나님을 우리 하나님으로 인정하고, 하나님은 우리를 하나님의 백성들로 인정한다. 침례를 받음으로써 우리는 이렇게 서약한다. "너는 이 예수를 너의 주님과 구주로 받아들이는가?" "예, 그렇습니다."

　"누가 새 언약에 속하는가?"라고 교회가 물을 때, "누가 서약을 하는가?"라고 묻는 것과 같다. 다시 말하면 "누가 침례를 받는가?"라는 물음이다. 어떤 군인이 국가에 충성할 것을 맹세하기 전까지는 무기를 들 수 없듯이, 당신이 새 언약에 서약하기 전까지는 새 언약의 교제 속으로 들어갈 수 없는 것이다. 교회는 새 언약이 지상에 그 모습을 드러낸 것이고, 침례는 신자 개인이 새 언약의 회원으로서 등장하는 모습을 보여주는 것이다. 침례가 새 언약 최초의 서약증표이기 때문에, 침례를 받는 것은 교회회원권을 인정받기 위한 필수 불가결한 절차이다.

· 3. 침례는 왕국의 여권이고 왕국 시민권자의 제복 착용 의식이다.

세 번째로 침례는 왕국의 여권이고 왕국 시민권자의 제복 착용 의식이다. 1장에서 살펴보았듯이 예수님이 지상에 하늘나라의 왕국을 시작하셨을 때, 그분은 그 왕국의 대사관으로서 교회를 설립하셨다. 하나님은 자신을 향한 신앙고백을 신실하게 하는 자들을 인정함으로써, 세상 앞에서 하늘나라 시민권자들을 알아볼 수 있도록 교회에게 "왕국의 열쇠들"을 주셨다(마 16:19, 18:18-19). 교회가 개인들을 하늘나라의 시민권자들로 알아볼 수 있게 하는 첫 수단이 바로 침례다(마 28:19). 침례는 교회가 "이 사람은 교회에 속한 자다"라고 선언하는 의식이다.

침례는 하늘나라 왕국의 여권(passport)이다. 우리는 그 왕(예수 그리스도-역자 주)을 믿음으로써 그 왕국의 시민권자가 된다. 침례를 통해서 교회는 우리가 하늘나라 왕국의 시민권자들임을 인식하게 하고 확인시켜 준다. 그리고 침례는 왕국의 다른 대사관들(다른 지역교회들)도 우리가 시민권자들임을 인식할 수 있도록 한다.

다른 각도에서 살펴보면, 침례는 왕국 시민권자의 제복 착용 의식이다. 우리가 지상에서 왕국의 시민권자로서 그리스도와 그분의 왕국을 대표하는 새로운 직분을 공식적으로 떠맡는 의식이 바로 침례이다. 교회가 어떤 신자를 왕국의 시민권자로 인식하기 위해서 그에게 하늘나라 왕국의 여권을 발행해 주어야 한다. 침례는 교회회원권을 위한 필수 불가결한 의식이다. 왜냐하면, 그것은 왕국의 여권이기 때문이며, 왕국 시민권자의 제복 착용 의식이기 때문이다.

· 4. 침례는 교회가 누가 그리스도인인지를 식별하도록 도와주는 필요한 기준이 된다.

침례가 교회회원권을 위해서 왜 필요한가? 하는 네 번째 이유는 처음 세 가지 이유에서 암시되어 있다. 교회가 어떤 사람을 그리스도인이라고 공개적으로 확인해 주는 의식이 침례이기 때문에, 누가 그리스도인인가를 교회가 식별하는 기준이 필요하다. 루이빌 카디널즈(Louisville Cardinals, 미국 켄터키주에 있는 루이빌대학교의 농구팀 이름-역자 주)들은 빨간색 유니폼을 입었다. 팀원들이 농구코트에서 파란색 유니폼을 입은 켄터키 와일드캣(Kentucky Wildcat, 켄터키대학교의 농구팀 이름-역자 주)들을 무찌르려고 할 때 서로를 인식할 수 있게 하기 위함이다. 침례는 기독교의 팀 유니폼(team jersey of Christianity)이다.

침례는 충분조건은 아니지만, 필요조건의 기준이다. 이 기준에 의해서 교회는 그리스도인들을 인식할 수 있다. 어떤 사람이 자신이 그리스도인이라고 주장하는 것으로는 충분하지 않다. 교회에 있는 모든 그리스도인이 그가 그리스도인이라고 인식해 주어야만 한다. 예수님은 교회의 판단을 침례에 묶어 두셨다. 예수님께서 우리에게 침례를 주셨다. 그래서 우리는 세상으로부터 떠나온 자들이라고 서로 말할 수 있다. 사람들을 그리스도인들이라고 공개적으로 확인해 줌으로써, 침례는 교회와 세상 간의 선을 긋는다. 침례는 그리스도인들을 (세상 사람들과는 다른-역자 주) 그리스도인들이라고 구별해 준다. 그러므로 침례는 교회회원권을 위해 필수 불가결한 의식이다. 어떤 사람이 기독교의 팀 유니폼을 입기 전까지는 교회는 그를 예수팀(Jesus team)의 회원이라고 식별해 줄 수 없다.

･5. 침례는 교회회원권을 보여주는 유효한 증표이다.

다섯 번째로 침례는 교회회원권을 보여주는 유효한 증표이다. 이것은 처음 네 가지 이유로부터 자연스럽게 추론할 수 있다. 침례가 자신의 믿음을 외부로 공개하는 것이라면, 새 언약 최초의 서약증표라면, 그리고 하늘나라 왕국의 여권이고 왕국 시민권자의 제복 착용 의식이라면, 침례는 교회회원권을 보여주는 매우 유효한 증표가 되는 것이다. 어떤 그리스도인이 어떤 지역교회에 속해 있고, 지역교회는 그 그리스도인의 신앙고백을 확인하고 그가 교회에 연합이 되어 있다는 것을 보여준다.

교회회원권을 집에 비유한다면 침례는 그 집의 현관문과 같다. 현관문에 발을 들여놓음으로써 그 집에 들어가는 것이다. 그러므로 정상적으로 침례는 교회회원권을 얻기 위한 사전조건이 아니다. 침례 그 자체가 교회회원권을 수여해 주는 것이다. 침례는 교회회원권의 시작이다. 새 회심자(개종자)에게 침례는 교회에 가입하기 위한 신약성서적인 방법이다. 침례가 교회회원권을 보여주는 유효한 증표이기 때문에, 침례를 받는 것은 교회회원권을 위한 필수 불가결한 의식이다.

･6. 주의 만찬은 교회회원권을 보여주는 또 다른 유효한 증표이다.

본 장의 2번에서 새 언약은 두 가지 증표에서 확인할 수 있다고 했다. 첫 번째 증표는 침례(Baptism)인데 최초의 서약증표이다. 두 번째 서약증표는 주의 만찬(Lord's Supper)인데, 이것은 반복적으로 새롭게 하는 증표이다. 우리가 떡과 잔을 함께 나눌 때, 우리는 그리스도와 그분의 새 언약을 위해 스스로 새롭게 헌신한다.

그런데 이것은 우리가 개인으로서가 아니라 교회로서 참여하는 의식이다(고전 11:17-8, 20, 33-34). 주의 만찬에 참예함으로써 우리는 교회를 위한 책임을 감당하겠다는 서약을 하는 것이다. 주님의 몸을 멸시하듯이 먹고 마시는 것은, 주의 만찬을 부정하는 것이며 하나님의 심판을 불러오는 것이다(고전 11:27, 29, "그러므로 누구든지 주의 떡이나 잔을 합당하지 않게 먹고 마시는 자는 주의 몸과 피에 대하여 죄를 짓는 것이니라…주의 몸을 분별하지 못하고 먹고 마시는 자는 자기의 죄를 먹고 마시는 것이니라"). 그러므로 우리가 주의 만찬을 통해서 그리스도에게 서약하듯이 우리는 교회의 구성원들인 서로를 향해서 서약하는 것이다. 우리가 예수님을 우리의 구주로 모시고 있는 것과 똑같은 방식으로 우리는 서로를 형제와 자매로 모시고 있다.

이것은 주의 만찬이 교회회원권을 보여주는 또 다른 유효한 증표라는 사실을 의미한다. 바울은 이렇게 말한다. "떡이 하나요 많은 우리가 한 몸이니 이는 우리가 다 한 떡에 참여함이라"(고전 10:17). 주의 만찬은 단순히 우리의 통일성을 대변하는 것이 아니라, 그것을 재가해 주고 봉인해 주고 있다. 주의 만찬을 통해 우리는 성도들 간의 교제를 나누기에 그것은 우리를 하나로 묶어 준다. 그러므로 주의 만찬 식탁에서 우리는 교회회원권을 가진 자들로 포용되고 있음을 알게 된다. 교회의 권징을 받게 되면 주의 만찬 식탁에의 참여가 배제되는 것이다.

침례를 받는 것은 교회회원권을 가지게 되는 필수적인 절차이다. 당신이 최초의 서약증표(침례)를 갖기 전까지는 반복적으로 새롭게 하는 언약의 서약증표(주의 만찬)에 참여할 수 없다. 당신이 침례라고 하는 현관문을 통과하여 집으로 들어오기 전까지는, 주의 만찬이라는 가족 식사에 동참할 수 없는 것이다.

· 7. 침례가 없는 곳에는 교회회원권도 없다.

자, 여기서 무엇을 더 첨가하여 말할 수 있을까? 침례가 없는 곳에는 교회회원권도 실제로 존재할 수 없으므로, 우리는 교회회원권을 위해서 요구되는 것에서 침례를 제외할 수 없다. "교회회원권"(church membership)이라는 말은 한 그리스도인과 한 지역교회 간의 관계를 설명해 주는 신학적 용어이다. 교회의식들(침례와 주의 만찬-역자 주)은 이러한 관계를 확인해 준다. 이러한 교회회원권의 관계는 신약성경에서 어떤 사람들은 교회 "안에"(inside)에 있고 어떤 사람들은 교회 "밖에"(outside) 있다는 점에서 분명하다(고전 5:12-13, "밖에 있는 사람들을 판단하는 것이야 내게 무슨 상관이 있으리오마는 교회 안에 있는 사람들이야 너희가 판단하지 아니하랴? 밖에 있는 사람들은 하나님이 심판하려니와 이 악한 사람은 너희 중에 내쫓으라").

침례와 주의 만찬은 교회회원권이라는 언약적 관계를 재가해 준다. 그러므로 침례 없는 회원권이라는 것은 있을 수 없다. 침례 없이 교회회원권을 말하는 것은 혼인서약 없이 결혼을 말하는 것과 같다. 결혼은 신랑과 신부의 서약으로 이루어지는 언약 관계이다. 교회회원권은 침례와 주의 만찬이라는 서약증표들로 이루어지는 언약 관계이다. 당신은 서약하지 않고 그 관계를 맺을 수 없다. 그러므로 침례를 받지 않고서는 교회회원권을 가질 수 없다.

교회의식들(침례와 주의 만찬-역자 주)이 교회회원권을 보여주는 유효한 증표들이라는 사실로부터, 우리는 이 양자가 매우 밀접하게 서로 연결되어 있다는 것을 알 수 있다. 교회회원권에 대한 우리의 인식이 교회의식들과 밀접하게 연관되어 있지 않다면, 교회회원권 인식은 비성서적으로 흘러버리게 된다. 성경에 의하면 교회회원권은 교회의 두 의식이 만들어내는 관계를 잘 묘사해 주고 있다.

이러한 원칙은 참 그리스도인들을 교회회원권으로부터 배제하는 결과가 되는 것일까?

이러한 원칙이란 교회들은 교회회원권을 가지기를 원하는 모든 사람에게 침례를, 즉 신자들로서 침례를 받아야 할 것을 요구해야 한다는 의미이다. 이 말은 어떤 참 그리스도인들, 특히 유아세례를 성서적인 뱁티즘으로 간주하고 있는 그리스도인들을 교회회원권으로부터 배제해 버리는 결과가 된다는 의미가 아닌가?

스스로 그리스도인이라고 믿고 있는 어떤 사람들로부터 교회가 그 회원권을 박탈해서는 안 된다는 것을 많은 그리스도인은 당연시하고 있다. 나도 이 견해가 대부분 바르다고 생각한다. 그러나 한 가지 문제가 생긴다. "교회가 그 사람이 그리스도인인 줄을 어떻게 아느냐?" 하는 것이다. 침례는 신뢰할만한 신앙고백에 추가해서 교회회원권을 위한 별개의 요구사항이 아니라는 것이다. 그것은 어떤 사람이 어떻게 공개적으로 신앙을 고백하는가? 하는 것이다.

그러므로 교회가 무엇보다도 먼저 "누가 그리스도인인가?"를 알기 위한 요소가 침례인데, 이것은 필요조건이지만 충분조건은 아니다. 교회의 모든 회원은 어떤 사람이 침례를 받지는 않았지만, 그가 그리스도인이라고 믿을지는 모르지만, 예수님은 교회회원권의 형식적, 공식적 인정의 절차로서 교회의 판단을 침례로 한정하고 있다는 것이다. 예수님은 그 사람의 믿음이 침례로 공개적으로 고백되기까지는, 그 사람의 믿음을 확인해 줄 다른 권위를 교회에 부여하지 않았다는 것이다.

교회는 침례라고 하는 유효한 증표를 수행하지 않은 사람들에게 교회회원권을 부여하는 권위를 가지지 않는다. 교회는 최초의 서약증표(침례-역자 주)를 수행하지 않은 자들에게 새 언약의 새롭게 하는 서약증표(주의 만찬-역자 주)를 허락하지 않을 수도 있다. 만약 그것을 허락한다면 예수님 자신이 제정하신 의도, 즉 그의 백성들을 세상으로부터 분리하고 그들 서로 간에 결속을 다지려 했던 의도에서 벗어나게 된다. 침례는 교회와 세상 간에 구분 선을 긋는 것이다. 우리에게는 다른 방법으로 그 구분 선을 그을 자유가 없다.

만약 당신이 비행기 여행을 떠난다고 상상해 보라. 당신이 탑승권을 가방에 넣고 가방을 부치고는 탑승구에 갔다고 가정해 보자. 탑승구 앞에서 근무하는 승무원이 당신에게 탑승권을 보여달라고 요구했다면 어떤 일이 생길까? 만약 당신이 탑승권을 가지고 있었는데 가방 속에 넣어서 보냈다고 대답한다면, 당신은 어떻게 될까? 당신은 어느 비행기도 탈 수 없을 것이다. 탑승구 승무원이 당신을 비행기 안으로 들여보내기 위해서는 당신의 탑승권을 확인해야만 한다. 그에게는 다른 방법으로 당신을 비행기에 탑승시킬 권한이 없다. 좌석번

호가 찍혀 있는 탑승권이 당신을 그 비행기의 승객으로 인정해 줄 수 있는 유일한 근거이다. 마찬가지로 당신을 그리스도인으로 인정해 줄 수 있는 유일한 근거는 침례이다. 침례는 교회에 탑승하기 위한 유일한 자격요건이다.

19세기 미국 침례교신학자 존 대그(John Dagg)가 이렇게 말했다. "신앙고백이 교회회원권을 가지기 위해서 필수 요소이다. 침례도 마찬가지다. 침례는 예수님께서 지정하신(appointed) 신앙고백 의식이다. 신앙고백이 본질(substance)이라면 침례는 형식(form)이다. 그리스도의 명령은 본질뿐만 아니라 형식도 요구하신다."[8] 유아세례를 받은 자들은 신뢰할만한 본질에서가 아니라 형식에 있어서 결함을 가지고 있으므로 그들의 교회회원권은 거부된다. 당신이 현학적으로 널리 인정되는 성경해석에 근거하여 뱁티즘을 받았다고 생각한다면, 당신은 진짜 성경적으로 침례를 받지 않았을 수도 있다. 교회는 침례 받지 않는 사람에게 교회회원권을 부여해 줄 자유를 갖고 있지 않다. 그것은 탑승구에서 근무하는 승무원이 탑승권을 소지하지 않은 사람에게 비행기를 타도록 허락할 자유를 갖고 있지 않은 것과 같다.

유아세례를 받은 신실하고 경건한 그리스도인에게 교회회원권을 배제하는 것에 문제가 있다. 그러나 그리스도께서 침례에 부여하신 역할을 수정하는 것과 그분의 명령을 선택사항으로 만들어 버리는 것과 교회에서 그분의 권위를 손상하는 것은 더 심각한 문제가 된다. 어떤 그리스도인이 자신의 실수에 대해 아무리 진지하다고 하더라도, 그에게 그리스도께 계속해서 불순종하도록 허용하는 것과 교회가 그 불순

---

8 John L. Dagg, *Manual of Church Order* (Harrisonburg, VA: Gano Books, 1990), 95.

종을 용인하는 것은 더 큰 문제이다. 복음에 대한 공적인 신앙고백을 사적인 것으로 만들어 버리는 것은 더 큰 문제이다. 예수님께서 침례가 목적하는 바를 이루시기 위해 제정하신 바로 그 의식을 뒷전으로 밀어버리면서 교회를 이루려고 시도하는 것은 더 큰 문제이다.

선 긋기

예수님은 부분적으로 자신의 백성들이 세상으로부터 분리된 존재임을 식별하게 하려고 침례를 제정하셨다. 침례와 주의 만찬은 그리스도의 백성들을 공개적으로 확인함으로써 복음을 묘사해 주고, 촉진해 주고, 보존해 준다.

침례는 죄에 대한 우리의 죽음과 그리스도 안에서 새로운 생명을 향한 우리의 부활을 드러내 준다. 그것은 그리스도와 그분의 백성들에 대한 우리의 헌신을 보증해 준다. 그것은 교회와 세상 간에 선을 그으며 세상 사람들을 초청하고 있다. "보시오 세상이여, 복음의 사람들이 어떤 모습인지를!"

침례가 교회와 세상 간에 선을 긋는 것 때문에, 그것은 또한 교회 주위에 선을 긋는 것이기도 하다. 침례는 한 사람을 많은 사람에게 붙들어 매어주는 역할을 한다. 그것은 지상에서 한 사람의 신자를 하나님의 공적인 백성들의 무리에 포함하는 역할을 한다. 그러므로 침례는 교회회원권을 보여주는 유효한 증표가 되는 것이다. 침례는 교회로 들어가는 길을 단순히 표시만 해주는 것이 아니라 침례 그 자체는 현관문이다. 침례 그 자체가 교회회원권을 수여해 주는 것이다.

　이러한 이유로 교회회원권을 위해서 필요불가결한 절차가 침례이다. 아마도 당신은 어떤 교회에 회원으로서 가입하는데, 관심이 있으면서도 먼저 침례를 받아야 한다는 요구 때문에, 회원가입을 연기할지 모르겠다. 그렇다면 예수님께서 당신을 향해서 침례 받기를 요구하실 뿐 아니라, 그분의 교회를 향해서도 당신에게 침례 베풀기를 요구하신다는 점을 기억하기 바란다. 그리고 만약 당신이 교회의 지도자라면, 당신의 교회가 그리스도를 주님으로 주장을 하는 사람들에게는, 침례를 받도록 요구해야 한다는 점을 기억하기 바란다. 예수님께서 요구하셨던 대로 말이다.

5장
언제 "뱁티즘"이 성서적인 침례가 되지 못할까?

나의 둘째 딸은 공룡들과 사랑에 깊이 빠져 있는데 사랑스럽기까지 하다. 종종 아침에 그녀가 처음 하는 말은 "아빠 나와 함께 공룡놀이 할래요?"이다. 밤에 그녀는 때때로 큰 플라스틱 트라이세라톱(공룡의 일종)을 침대로 가져오기도 하고, 침대 위에 공룡들의 그림들과 이름들로 채워진 포스터를 걸어놓기도 한다. 그녀는 겨우 2살 반이다. 그런데도 그 딸은 공룡들의 벼슬과 등뼈와 꼬리를 보고 수십 가지 종류를 분별한다. 만약 당신이 "이게 브라치오소러스야?"라고 묻는다면, "아니예요. 그것은 아파토소러스에요. 브라치오소러스는 목이 길어요"라고 대답할 것이다.

"무엇이 어떤 것이다"라고 말하면 "무엇이 어떤 것이 아니다"라고 말할 수 있어야 한다. 위의 세 장에서는 "침례란 무엇일까?"라는 질문에 주로 초점을 맞추어서 설명했다. 이제 우리는 "무엇이 성서적인 침례가 아닐까?"라는 질문에 관심을 돌리고자 한다. 이렇게 하는 데에는 두 가지 이유가 있다. 첫째로, 독자들 가운데 침례를 받았다고 생각하는 어떤 사람들은 아마도 그들이 진정으로 침례를 받았는가? 하고 의아해하고 있을 것이다. 둘째로, 특히 교회지도자들이 침례후보자들의 "침례"가 진정으로 무엇이었는가? 하는 그것을 판단해야 할 것이다. "뱁티즘"이 실제로 성서적인 침례가 아닌 일반적인 경우에 관해서 4가지를 살펴보려고 한다.

만약 당신이 갓난아기나 어린아이일 때 "세례를 받았다면",

우리는 이전 장에서 유아세례는 실제로 성서가 말하는 침례가 아니라는 것을 살펴보았다. 유아세례를 행하는 그리스도인들이 아무리 좋은 의도가 있다고 하더라도, 그리고 유아세례에 대한 그들의 성서 이해가 아무리 정교하다고 하더라도, 성서는 단지 우리가 신자들의 어린 자녀들에게 뱁티즘을 베풀라고 권위를 부여하지 않았다는 것이다. 침례는 복음이 어떤 사람의 삶에 효력을 미쳤다는 증표다. 그래서 그 사람이 그리스도와 연합되어 "있다"는 증표다. 침례는 성취된 약속을 가리킨다.

만약 당신이 갓난아기나 어린아이일 때 "세례를 받았다면", 당신은 여전히 처음으로 침례를 받아야 할 필요가 있다. 당신에게 유아세례를 베풀어 준 교회가 고상한 의도를 가졌다고 하더라도, 당신은 그리스도에게는 왔으나 아직 침례를 받지 않은 사람과 같은 위치에 서 있는 것이다.

만약 당신이 명목상의 "신자"로서 침례를 받았으나
그러나 실제로는 신자가 아니었다면,

어떤 사람들은 자기 뜻에 따라 침례를 받기도 한다. 그리고 그 행위를 그리스도를 믿는 신앙의 고백이라고 여긴다. 그러나 나중에 그들은 침례를 받았을 때, 전혀 그리스도인이 아니었다는 것을 깨닫는다. 다음의 시나리오를 생각해 보자.

저는 진정으로 주님과 동행하기 전이었던 13살 때에 침례를 받았어요. 청소년 성경공부반에 한 과목의 공부를 마무리할 때쯤에 있었던 일이었어요. 그때 우리는 선생님으로부터 "침례를 받고 싶은 사람이 있어요?"라는 질문을 받았어요. 대다수의 학생들이 침례를 받겠다고 했기 때문에 저도 그렇게 하기로 했어요. 그때 그 상황을 회상하면 조금 당혹스럽기까지 해요. 나 혼자만 침례를 받지 않겠다고 했다면, 친구들 보기가 좀 민망했을 것 같아요.

그런데 제 나이 20살쯤이 되었을 때 주님께서 실제로 저의 삶 가운데 역사하셨어요. 예수님을 따른다는 것이 무엇인지에 관해서 그분께서 제 눈을 열어주셨다고 저는 말할 수 있어요. 이상적으로 말하면 이때 제가 침례를 받아야 했으리라 생각하지만, 아시다시피 저는 7년 전에 이미 침례를 받았어요. 저는 두 번째로 침례를 받는 것에 대해 목사님의 의견을 듣고 싶어요. 목사님은 제가 다시 침례를 받을 필요가 있다고 생각하세요?[9]

---

9 인터넷에 게재된 나의 논문을 참조하라. Bobby Jamieson, "You Asked: Should I Get 'Re-Baptized'? (Credobaptist Answer)," http://thegospelcoalition.org/blogs/tgc/2013/02/06/you-asked-should-i-get-re-baptized-credobaptist-answer.

이분은 자신이 침례를 받았을 때 그리스도인이었다고 스스로 생각하지 않았다. 그때 그는 "진정으로 주님과 동행하기 전"이다. 그가 침례를 받았던 동기는 성경공부반 친구 무리와 함께하고 싶었던 것이다. "대다수 학생이 침례를 받겠다고 했기 때문에." 그는 침례를 그리스도를 향해서 공개적으로 자신을 헌신하는 기회로 여기기는커녕, 가능하다면 학교 친구들에게 말하기조차 꺼리며 침묵으로 일관했다. 그의 진술을 들어보면, 수년이 지난 후에 비로소 그는 예수님의 제자도에 대한 참된 이해를 하게 되었던 것 같다.

그래서 이 사람은 다시 두 번째로 침례를 받아야 할까? 물론 아니다. 그는 두 번째가 아니라 처음으로 침례를 받아야 한다. 왜냐하면, 과거에 받았던 침례는 성서적인 참 침례가 아니었기 때문이다. 당신이 과거에 침례를 받았다면 당신은 침례를 받은 것이다. 그러나 당신이 침례를 받았을 때 그리스도인이 아니었다면, 당신이 아는 한 당신의 침례가 그리스도에 대한 진실한 신앙고백이 아니었다. 그리고 그리스도께 순복하리라는 진지한 헌신이 없었다면, 당신의 "침례"는 성서적인 참 침례가 아니다. 이것이 당신의 모습이라면 당신은 침례를 받아야 할 필요가 있다. 다시 침례를 받는 것이 아니라 처음으로 침례를 받는 것이다.

우리가 함께 논의해 볼 또 다른 시나리오가 있다. 이 젊은 여인의 이야기(상상적이긴 하지만 현실적으로 종종 있을 수도 있는)를 들어보자.

저는 기독교 가정에서 자랐습니다. 저의 부모는 저에게 복음을 가르쳤고, 제가 6살이 되었을 때 저는 아버지와 함께 그리스도를 영접하는 기도를 했습니다. 저는 저의 죄를 깨달았다는 것을 제가 기억하고, 예수님이 저를 구원하기 위해서 십자가에 못 박혀 죽으셨다는 사실을 알았다는 것을 제가 기억합니다. 몇 개월 후에 저는 침례를 받았습니다. 그 시점에서부터 저는 언제나 저를 그리스도인이라고 생각했습니다. 저는 예수님을 믿는다는 것과 그분의 말씀대로 산다는 것이 무슨 의미인지를 그 당시에 알고 있었습니다.

그런데 십 대 사춘기 때에 저는 의심의 시기를 통과하고 있었습니다. 저는 성경이 참으로 하나님의 말씀인지 질문하기 시작했고 성경이 말씀하는 것을 항상 좋아하지는 않았습니다. 제가 기도했을 때 하나님께서 거기 계시며 제 기도를 들으신다고 느끼지도 않았습니다. 그렇다고 제가 어떤 심각한 반항의 과정을 거쳤던 것은 아니었어요. 그렇지만 때때로 저의 삶이 그리스도인으로서의 당연한 삶보다도 불신자 친구들의 삶을 더 많이 닮은 것 같았습니다. 때때로 저는 학교에서 시험시간에 부정행위를 했고, 어떨 때는 제가 밤에 외출을 했던 곳에 대해, 그리고 제가 친구들과 함께 술을 마시러 나갔던 것에 대해 부모님이 알게 될까 봐 부모님께 거짓말을 하기도 했습니다.

저는 지금 20살이에요. 저는 제가 그리스도인이 되었는지 정말 확신할 수 없어요. 지난 수년 동안 저의 믿음이 실제로 되살아났다고 느낍니다. 10년 전에 비하면 제가 영적으로 더 많이 성장했다고 느낍니다. 제가 침례를 받았을 때 제가 그리스도인이었는지 확실히 알지는 못하지만, 제가 더 깊은 확신을 가지려면 지금 침례를 받아야 하지 않을까요?

이러한 상황은 많이 복잡하다. 한편 이 젊은 여인은 복음을 들었고 분명히 믿었고, 그 반응으로서 침례를 받았다. 아마도 침례를 받은 이후 그녀의 삶에는 어느 정도 영적인 열매가 있었던 것 같다. 그러나 그녀의 십 대 시절에 대해서 우리는 어떻게 평가할 수 있을까? 그녀는 자신을 그리스도인이라고 부르기를 멈추지 않았다. 그렇다고 그녀가 실제로 그리스도인으로서 살고 있었을까? 그런데 지금 그녀는 더욱 성숙해져 있다. 그녀는 자신의 십 대 시절에 그리스도를 진심으로 신뢰했었는지 고민하고 있다. 그녀는 자신의 복잡했던 심경을 토로하고 있다. 그래서 그녀는 어떻게 해야만 할까?

그리스도를 믿는다는 신앙고백에 근거하여 전에 침례를 받았던 사람은, 만약에 그녀가 그 당시에 그리스도인이 아니었다는 것을 강하게 믿는다면, "다시 침례를 받아야 한다"라고 주장했다. 궁극적으로 신실한 교회지도자들의 도움을 입어서 본인 자신이 판단할 문제이다. 침례는 한 번(once) 받는 것이다. 단순히 의심이 든다는 이유로 반복해서 받아서는 안 된다.

이 경우에 이 젊은 여인은 어린 시절에 진정으로 복음을 이해했고 그것을 받아들였던 것 같다. 영적인 혼란을 겪었던 십 대 사춘기 시절에도 그녀는 회개 없는 죄로 특징지어지는 삶의 방식에 자신을 내버리지는 않았다. 그녀는 그리스도를 믿는 믿음을 포기하지 않았다. 돌이켜 보건대, 우리는 어린아이와 같은 믿음을 전혀 믿음이 없는 불신앙으로 간주하는 실수를 범하기 쉽다. 또, 우리는 어린이나 십 대의 소녀에게 성인 어른 수준의 영적인 열매를 요구하는 실수를 범하기도 쉽다. 그러나 만약 그녀가 어떤 때에 믿음을 부인했거나 심각하고 공개적이고 회개하지 않은 죄에 빠져 있었다면, 이것은 전혀 다른 이야기가 되겠지만 내가 보기에 그녀는 자신이 어린 시절에 했던 신앙고백이 아마도 진지했던 것 같다. 그렇지만 침례를 다시 받을 것인가 하는 문제는 그녀 자신이 판단할 문제라고 생각한다. 만약에 그녀가 침례를 받았을 때 자신이 그리스도인이 아니었다고 확실히 믿는다면, 그녀는 침례 받기를 구해야 하고 교회는 그녀에게 침례를 베풀어 주어야 한다고 생각한다.

당신에게 침례를 베풀어 준 교회가 복음을 부인한다면

침례는 복음의 본질을 보여주는 상징이다. 그것은 죄인을 발견하여 자유롭게 해주는 예수 그리스도의 복된 소식(Good News)을 드라마처럼 묘사해 준다. 침례를 받는다는 것은 예수님과 그분의 구원사역을 믿는다는 고백이다. 그러므로 침례는 복음에 의존한다. 복음이 없다면 침례도 없다.

단순히 그리스도인이 되었다는 이유만으로 모든 그리스도인이 침례를 베풀도록 권위가 부여된 것이라면, 복음=침례 등식에 교회가 끼어들 여지는 없을 것이다. 예수님께서 하늘나라를 대신하여 지상에서 교회가 공식적인 침례선언을 하도록 권위를 부여하셨다면, 정상적인 상황에서 오직 교회만이 침례를 베풀 권위를 가지는 것이다. 복음을 인정하고 선포하는 신자들의 공동체만이 자신을 교회라고 부를 권리를 가진다.

때때로 복음을 부인하고 복음의 진리로부터 떠난 그리스도인들이 있는데, 이들이 자신들의 모임을 "교회"라고 부르는 경우가 있다. 예를 들면 예수님의 죽음은 단지 인류를 향한 하나님의 간절한 사랑을 드러낼 뿐이라든가, 예수님의 부활은 죽음으로부터 육체적으로 다시 살아난 사건이 아니라 제자들의 마음속에 영적인 인상으로 남아 있던 사건이라고 어떤 교회가 가르치고 있다면, 그러한 교회는 복음을 거짓된 복음으로 대체하고 있다. 사도 바울이 말했듯이 참 사도적인 복음이 아닌 것은 전혀 복음이 아니다(갈 1:6-7, "그리스도의 은혜로 너희를 부르신 이를 이같이 속히 떠나 다른 복음을 따르는 것을 내가 이상하게 여기노라 다른 복음은 없나니 다만 어떤 사람들이 너희를 교란하여 그리스도의 복음을 변하게 하려 함이라").

어떤 교회들에서는 침례 자체에 대한 그들의 믿음으로 복음을 효과적으로 부인한다. 예를 들면 어떤 교회가 침례에 구원하는 능력이 있다고 가르치면서 침례가 죄 사함(forgiveness)과 신생(new birth)을 가져다준다고 가르친다면, 실제로 그 교회는 복음의 자리에 침례를 놓고 있다. 침례와 복음은 분리할 수 없다. 복음을 믿은 사람들은 침례를 받도록 명령받았다. 침례는 복음을 증언하고 선포하는 의식이다. 그러나 침례 자체가 복음과 동일시되거나 잘못 오해되어서는 안 된다. 침례 그 자체가 구원을 주는 것은 아니기 때문이다.

복음을 이처럼 효과적으로 부인하는 교회는 전혀 교회가 아니다. 이러한 교회는 예수님으로부터 그분의 이름으로 사람들에게 침례를 베풀라고 권위를 부여받은 적이 없다. 그러므로 복음을 부인하는 교회에서 집례가 된 "침례"는 사실 성서적인 참 침례가 아니다.

당신에게 침례를 베풀어 준 교회가 실제로 복음을 부인하고 있는

지를 어떻게 판단할 수 있을까? 물론 쉽지 않을 것이다. 만약 당신의 경우에 이러한 문제가 있겠다는 어렴풋한 의심이 든다면, 현재 당신이 출석하고 있는 교회의 지도자들을 만나 이 문제의 해결을 위해 상의를 해 보기를 권면한다.

확실히 하자. 어떤 교회도 완벽한 교리를 가지고 있지 않다. 어떤 설교자도 무흠하지 않다. 나는 어떤 교회가 100% 교리상으로 완벽해야만 그 침례가 유효하다고는 말하는 것이 아니다. 또한, 어떤 목사가 자신이 설교하는 복음에 불충한 면이 있는 것으로 입증되었다고 해서, 그가 수행했던 침례가 유효하지 않다고 말씀드리는 것도 아니다. 최초로 교회를 탄생시킨 같은 복음이 침례를 베풀고 침례를 받도록 권위를 부여했다는 점을 말씀드리는 것이다. 나는 침례를 행하는 사람보다는 침례를 베풀도록 권위를 준 교회에 더 많은 관심이 있다. 어떤 교회가 침례를 베풀기 위해서는 그 교회는 성서적인 복음을 믿고 선포하는 교회여야 한다는 것이다.

침례가 지역교회와 전혀 연관이 없이 베풀어졌다면,

마지막으로 우리는 무척 어려운 문제에 관해 검토해 보려고 한다. 지역교회와 전혀 연관이 없이 베풀어진 침례이다. 두 가지 극단적인 사례를 살펴보자. 한편으로 당신은 복음을 설교하는 교회의 모임에서 담임목사에 의해 베풀어진 침례를 받았을 것이다. 이런 경우에는 별문제가 없다. 다른 한편으로 1장에서 다루어진 물에 빠뜨림을 당한 경우를 회상해 보자. 어느 무더운 여름날, 당신이 친구 집 뒷마당에 있는 풀장에 있다고 가정해 보자. 당신과 친구, 두 사람은 모두 현재 신자이다. 사실 친구가 몇 주 전에 당신을 전도해서 그리스도께 인도했다. 그가 이렇게 말한다.

"친구야, 너 아직 침례를 받지 않았지, 그렇지?"
"응, 아직 받지 않았어. 침례를 받긴 받아야 할 텐데."
"지금 못 받을 이유가 있어? 내가 너에게 침례를 베풀어 줄 수 있어."
"음, 그렇게 해 줘."

이때 친구가 "나는 아버지와 아들과 성령의 이름으로 너에게 침례를 주노라"라고 말하면서 당신을 물속으로 집어넣었다면, 당신은 제대로 침례를 받은 것일까? 1장의 물에 빠뜨리는 장면과는 달리, 당신은 침례를 받겠다는 의지를 갖추고 행동했다. 또, 당신은 최근에 그리스도를 믿게 되었다. 당신의 친구도 당신이 그리스도를 신뢰한 것을 안다. 바로 그 친구가 당신에게 복음을 증거해 주었다. 이러한 사실들로 인해 당신이 받았던 침례가 유효하다고 말할 수 있을까?

이와 유사한 대다수 상황에서 이루어진 침례에 대해서, 나의 대답은 "아니요"이다. 침례를 통해서 어떤 사람이 자신을 그리스도와 그분의 백성들에게 헌신한다. 그리고 교회는 그 신자의 신앙고백을 인정한다. 당신의 친구가 풀장에서 침례를 베풀었을 때는 그가 교회를 대신해서 행동한 것이 아니었다. 당신의 친구가 당신을 물속에 집어넣었을 때는 교회가 예수님의 이름으로 당신에게 말하지 않았다. 여기에 중요한 문제가 있는데, 이 이야기에서 침례로 인정할 수 없는 결정적인 결함이 있다.

나는 "이와 유사한 대다수 상황에서"라고 말했다. 만약에 당신이 그리스도인들이 한 사람도 없으므로 지역교회가 아직 없는 선교지역에 있다면, 복음을 소유한 어떤 사람이라도 침례를 베풀 권위를 가지고 있다고 보아도 무방하다. 지역교회가 아직 존재하지 않는 곳이라면, 각 그리스도인은 교회의 씨앗을 가지고 있다. 그 씨앗은 바로 선포를 통해서 심어질 복음인 것이다. 이 주제에 대해서는 다음 장에서 더 자세히 살펴볼 것이다. 내 주장의 요점은 아직 지역교회가 존재하지 않는 곳에서는 복음을 선포하는 자라면 누구나 그 복음에 반응하는 자들에게 침례를 베풀 수 있고 또한 베풀어야 한다는 것이다.

그러나 풀장에서 당신을 물속에 잠가 침례를 베푸는 것은 전혀 다른 상황이다. 주위에 많은 교회가 있을 것이다. 아마도 당신의 친구는 그 가운데 한 교회의 회원일 것이다. 그렇다면 친구는 자신의 손으로 당신을 제자 삼기보다는 당신을 교회의 보살핌에 맡겼어야 했다. 당신이 그리스도를 믿겠다고 했을 때, 당신의 친구는 이렇게 말했어야 한다.

> "좋아, 내가 너를 그리스도의 백성들에게 소개하지. 우리 도시에는 신실한 신자들로 이루어진 좋은 교회들이 여럿 있지만, 내가 속한 그리스도의 몸이 있어. 내가 다니는 교회의 목사님께 말씀을 드려보도록 하자. 네가 침례를 받고 그 교회에 가입하는 문제에 대해 그 목사님과 상담을 해 보는 것이 어떨까?"

이미 지역교회가 존재하는 곳에서는 어느 정도든지 간에 그 교회와 연관이 없이 베풀어진 침례는 성서적인 참 침례가 아니다. 기억하라! 침례는 일방이 아니라 쌍방의 진술에 근거하여 베풀어진다. 즉 침례를 베푸는 자와 침례를 받는 자이다. 여기에 교회가 존재하기는 하지만 그 교회가 예수님을 위하여 진술하지 않았다면, 그것은 단지 사람을 물에 빠뜨린 것이지 그에게 침례를 베푼 것이 아니다. 오직 교회만이 하늘나라 시민들에게 서약할 권위를 가진다. 오직 교회만이 새 언약의 최초의 서약증표(침례-역자 주)를 시행할 권위를 가지는 것이다. 오직 교회만이 이렇게 말할 권위를 가진다. "여기 보시오. 모든 사람이여. 이 사람은 예수님께 속해 있는 하나님의 자녀입니다."

침례가 지역교회와 연관되어 있어야 한다는 말의 의미는 무엇일까? 이 주제에 관해서는 다음 장에서 더 자세히 살펴보겠다만 이 문제에 대해서는 융통성이 있어야 한다고 생각한다. 담임목사만이 침례를 베풀어야 한다고 성경은 명령하지 않는다고 생각한다. 물론 정상적인 상황에서는 그렇게 하는 것이 바람직하다. 또한, 교인 전체가 모인 곳에서 침례가 집례되어야 한다고도 성경은 말하지 않는다고 생각한다. 물론 침례가 그리스도의 몸인 교회에 헌신하게 하고 그 몸에 의해 인정을 받는 의식이라는 점에서, 교인 전체가 모인 곳에서 침례를 베풀고 받는 것은 현명하면서도 바람직하다. 그렇다면 만약에 침례가 담임목사에 의해서, 그리고 교회 모임에서 꼭 행해질 필요가 없다면, 침례가 합법적으로 베풀어지는 데에는 융통성의 여지가 남게 되는 것이다.

교회가 존재하는 곳에 교회와 연결된 침례와 교회와 연결되지 않은 침례가 있을 수 있다. 전자는 유효한 침례이고 후자는 유효하지 않은 침례이다. 어떤 경우에는 양자의 구분이 선명하지 않을 수도 있지만, 또 어떤 경우에는 선명하다. 예를 들면 나의 절친한 친구들 가운데 한 사람이 그의 친구로부터 수영장에서 침례를 받았다. 그들은 크리스천 캠프에 함께 참석했고 그때 많은 사람이 침례를 받았다. 이 경우에 이 침례는 유효할까? 잘 모르겠다. 그 캠프가 어느 정도 지역교회의 감독을 받으며 개최된 것인지, 캠프에서 행해진 침례에 지역교회가 어느 정도 개입되어 있었는지에 따라 판단은 달라질 것이다. 그 캠프 활동이 사적인 것이 아니라 공적이었고, 그 침례행사가 어느 정도 교회와 연관이 있었다면, 별 염려는 안 해도 될 것 같다. 그런데 분명하지 않다. 교회가 다른 결론을 내릴 가능성도 있으리라 생각한다. 교회당에서 그리고 많은 교인이 지켜보는 상황에서 담임목사나 그분이 위임한 목회자에 의해서 침례가 베풀어지는 그것이 더욱더 바람직하다고 나는 생각한다.

결국, 침례를 받고자 하는 후보자들의 신앙상태를 평가해서 침례 여부를 최종적으로 결정하는 것은 지역교회여야 한다는 것이다. 한편에서 우리는 성경보다 더 엄격한 기준을 세울 필요는 없다. 그런데 다른 한편에서 침례가 지역교회로부터 분리되어 사적으로 행해져서는 안 된다. 침례는 교회의 회원으로 영접하고, 제자 삼는 과정이 되고, 세상과의 선을 긋고, 교회를 형성하는 역할을 하는 의식이 되어야 한다. 이에 대해 지혜와 성경적인 통찰력이 필요하다.

이와 관련해서는 그리스도인 개개인도 분별력을 가져야 한다고 생각한다. 당신이 최근에 그리스도를 믿게 되었거나 최근에 어떤 사람을 전도해서 그리스도께로 인도하였다면, 당신이 실천해야 할 제자도의 첫 자리는 지역교회여야 한다. 지역교회는 그리스도께서 자신을 위해서 행하고 말하도록 명령하신 몸이다. 지역교회는 지상에서 그분의 하늘나라 왕국을 대변하는 곳이다. 지역교회는 제자들이 성장하고 성숙해서 그리스도의 장성한 분량에까지 이르러야 하는 곳이다(엡 4:11-16). 예수님을 처음으로 믿은 새신자가 그 첫발을 내디뎌야 하는 곳이 어딜까? 지역교회다. 지역교회의 회원이 되어서 다른 여러 교인과 더불어 자라가야 하는 곳이 바로 지역교회다.

다음에 그리고 마지막으로,

이 장에서는 침례가 무엇인지를 보다 분명하게 이해하기 위해서, 무엇이 성서가 말하는 참 침례가 아닌가에 관해서 살펴보았다. 당신 자신의 체험이 우리가 이 장에서 논의했던 여러 가지 시나리오들에 적용이 된다면, 아마도 당신은 침례를 받고 베풀라는 예수님의 명령을 더 잘 이해하게 되었으리라 생각한다. 아직 침례를 받지 않았다면 침례를 받아야 하겠다는 마음을 갖게 되기를 기대한다. 만약 당신이 교회의 지도자라면 당신의 교회가 침례에 대하여 어떠한 정책을 취해야 할 것인지를 결정하게 되기를 소원한다.

물론 교회들이 침례에 대해서 진지하게 고려하지 않을지라도 대다수 교회는 침례를 행한다. 다음에 그리고 마지막으로, 우리는 새로운 장에서 "교회는 어떻게 침례를 베풀어야 할까?"라는 질문에 대해 살펴보도록 하겠다.

6장
교회는 어떻게 침례를 베풀어야 할까?

대다수의 그리스도인에게 뱁티즘과 관련된 주된 관심사는 그들이 침례를 받아야 한다는 것이다. 우리가 침례와 관련해서 기억해야 할 사실은 침례를 받은 우리는 그리스도와 연합이 되었고, 우리는 새로운 삶을 살도록 능력도 받았고 명령도 받았다는 것이다(롬 6:1-4). 기회가 허락된다면 우리는 아직 침례를 받지 않은 다른 그리스도인들에게 침례를 받도록 격려해야 한다. 당신이 침례를 받았다면 당신 스스로는 그리스도에게 순종한 것이다.

교회지도자들에게는 다른 이야기이다. 복음을 전파하는 대다수 교회에서는 새신자들에게 뱁티즘을 베풀 기회를 가진다. 그러나 뱁티즘을 실제로 베풀 때 여러 가지 질문하게 된다. 뱁티즘을 베풀 때 얼마나 많은 물이 필요할까? 뱁티즘의 방식에 있어서 관수례(pouring)나 살수례(sprinkling)도 침수례(immersing)처럼 유효할까? 누가 뱁티즘을 베풀 것인가? 뱁티즘은 교회회원권과 어떻게 관련성을 가지는 것인가? 교회는 언제 그리고 어디서 뱁티즘을 베풀 것인가? 어떤 사람이 그리스도를 믿었다면, 믿게 된 후 얼마의 시간이 흘렀을 때 뱁티즘을 베풀어야 할까? 등.

이 장에서는 열거했던 순서대로 이러한 질문들에 대해 대답을 하려고 한다. 요약해서 표현하면 뱁티즘의 방식, 뱁티즘을 베푸는 주체, 그 결과, 상황, 그리고 타이밍 등에 관해서 생각해 볼 것이다.

교회지도자들이 아닌 분들도 이러한 질문들에 대해 관심이 많으리라 생각한다. 만약 당신이 아직 뱁티즘을 받지 않았다면, 당신이 어떻게 그리고 어디에서 뱁티즘을 받을지를 선택하는 데 도움을 받을 수 있을 것이다. 만약 당신이 이미 뱁티즘을 받았다면, 다른 사람들이 성경의 가르침을 따르는 방식으로 뱁티즘을 받도록 도움을 줄 수 있을 것이다.

마지막으로 아직도 교회가 존재하지 않는 곳에서 복음을 설교하고자 하시는 분, 즉 현재 혹은 장차 선교사가 되고자 하시는 분들에게 조언하자면 이 장에서 내가 드리는 말씀은 교회가 이미 존재하는 경우를 전제로 한 것이다. 복음을 증거해서 첫 개종자를 얻게 되는 상황에서는, 그대로 적용할 수 없는 때도 있을 것이다. 만약 당신이 지상명령에 순종해서 예수님의 제자들에게 그분이 분부하신 모든 것들을 지키라고 가르친다면, 첫 개종자를 포함해서 제자들에게 예수님을 따른다는 것은 교회를 형성하는 것이라는 사실을 분명히 가르쳐 주어야 한다. 예수님께서 말씀하신다. "두세 사람(들)이 내 이름으로 모인 곳에는 자도 그들 중에 있느니라"(마 18:20). 이 말씀은 당신이 예수님을 믿은 새신자를 한 사람 이상 얻게 되었다면, 곧바로 당신은 교회를 형성하게 되었고, 그러한 신자들을 통해서 교회를 형성하도록 인도해야 한다는 뜻이다. 이러한 새신자들이 그리스도께 나아오자마자 그들은 하나의 교회로서 새신자들에게 침례를 베푸는 상황을 맞게 된다는 것이다. 이렇게 볼 때 이 장은 기존 교회들의 지도자들에게뿐 아니라 선교사들에게도 적용이 될 수 있는 내용이 될 것이다.

뱁티즘의 방식

어떤 새신자에게 뱁티즘을 베풀기 위해서 교회는 얼마나 많은 물이 있어야 할까? 사람들을 물속에 빠뜨릴 만큼 충분한 크기의 공간, 즉 침례탕을 만들거나 빌려야 할까? 아니면 세례반(baptismal font)이나 물 주전자(pitcher)가 있으면 족할까?

1장에서 우리는 "뱁티즘을 베풀다"(baptize)라는 희랍어 단어(baptizo-역자 주)는 사람의 전신을 물속으로 빠뜨리거나 잠그는 것이라고 공부했다. 사도 요한은 애논 강에서 사람들에게 침례를 베풀었는데, 그곳에 물이 많았기 때문이다(요 3:23, "요한도 살렘 가까운 애논에서 침례를 베푸니 거기 물이 많음이라 그러므로 사람들이 와서 침례를 받더라."). 에디오피아 내시는 길가에 못이 있는 것을 확인하고는 침례를 베풀어 달라고 요청했다(행 8:36, "길 가다가 물 있는 곳에 이르러 그 내시가 말하되 보라 물이 있으니 내가 침례를 받음에 무슨 거리낌이 있느냐?"). 그래서 침례를 베풀고 받기 위해서 빌립과 에디오피아 내시는 "물속으로 내려갔다가"(went down into the water) 그리고 "물로부터 올라왔다"(came up out of it)라고 성경은 기록하고 있다(행 8:38-39). 그 두 사람이 물 있는 곳으로 가서 빌립이 손으로 물 한 컵을 떠서 내시의 머리 위에 부었을 것이라는 주장이 이론적으로는 가능하다. 그러나 가능성은 매우 희박하다. 이러한 주장은 내시가 길가에 상당한 양의 물이 고여 있는 것을 보자마자 침례를 베풀어 달라고 요청했다는 사실을 제대로 설명해 주지 못한다. 만약 전신을 물속에 잠그는 의식이 필요하지 않았다면, 그 두 사람은 왜 옷을 벗든지 젖게 하든지 하는 수고를 감당했겠는가?

더 나아가서 침례(immersion)만이 그리스도와 함께 장사지낸 바 되고 부활하는 상징을 가장 잘 묘사해 준다. 로마서 6장 1~4절과 골로새서 2장 11~12절에서 사도 바울은 그리스도의 죽으심과 장사 되심과 부활하심과의 연합을 상징적으로 묘사해 주는 것이 침례라는 것을 너무나 당연하게 여겼다. 사도 바울은 그의 독자들이 물로 적심을 받거나 물로 뿌림을 받았던 때를 상기시켜 주는 것이 아니다. 그들이 물속으로 빠뜨려지고 또 물로부터 건짐을 받았던 때를 상기시켜 준다.

그래서 나는 성경에 의하면 침례(침수례, immersion)가 뱁티즘의 규범적인 방식이라고 주장한다. 초대교회 그리스도인들이 행했던 방식을 우리가 마음대로 버리거나 바꿀 수는 없는 것이다. 침례의 방식은 그 의식의 상징성과 의미와 긴밀하게 연결되어 있다. 그러므로 교회에서는 침례의 방식으로 뱁티즘을 베풀 수 있는 방도를 취해야만 한다.

침례의 집례자

누가 침례를 베풀어야 할까? 침례가 교회의 의식이라면 침례를 베푸는 자는 교회로부터 권위를 부여받아야 한다. 침례를 수행하는 사람은 자기 자신의 인간적인 동기나 권위가 아니라 교회를 대신하여 행해야 한다.

교회는 왕국의 열쇠들을 행사한다(마 16:19, 18:19). 그러나 오직 한 사람만이 침례를 베푼다. 침례는 왕국의 열쇠들을 행사하는 의식이다. 어떤 사람이 그리스도를 따르겠다고 헌신할 때, 교회가 그 헌신을 공식적으로 인정한다. 침례를 베풀면서 교회는 예수님을 위하여 말한다. 그러므로 침례의 집례자도 교회를 위하여 말할 필요가 있다.

성경에서 "장로들"(elders, 성경에서 장로는 평신도지도자가 아니라 목회자를 가리킨다-역자 주)이나 "감독들"(overseers)로도 불리는 목사들(딤전 3:1, 5:17)은 성도들을 가르치고 이끌어 가도록 교회 때문에 임명된다. 그들은 교회를 두루 보살피는 사역을 감당토록 교회에 의해 그 권위를 부여받는다. 그들은 하나님의 말씀을 가르치고, 교회가 그 말씀에 순종하도록 권면하고, 그 말씀에 따라 충성심의 모본을 보이고, 그 말씀에 따라 교회 생활을 인도한다. 그러므로 성경의 예에서 침례가 담임목사에 의해 베풀어져야 한다는 말씀이 없다고 하더라고, 교회의 지도자요 교회로부터 위임을 받은 담임목사가 침례를 베푸는 것은 정상적인 상황에서 당연한 일이다. 담임목사들이나 장로들(여기서 "장로들"은 목회자를 의미함-역자 주)은 교회를 대신해서 하나님의 말씀을 이미 가르치고 있는 자들이다. 침례는 말씀을 가시적으로 선포하는 행위이기 때문에, 그 말씀에 대한 공적인 반응으로서의 의식이다. 그렇다고 해서 이 말이 오직 "담임목사"(senior pastor)만 침례를 베풀어야 한다는 것을 의미하지는 않는다. 부목사들이나 장로들도 (담임목사의 위임이 있을 때-역자 주) 침례를 베풀도록 권위가 부여될 수 있다고 생각한다.

이미 말했듯이 담임목사가 침례를 베풀도록 하는 것이 절대적인 요구사항은 아니라고 생각한다. 그런데도 교회가 다른 사람들에게 권위를 부여하여 침례를 베풀도록 한다면, 누구에게, 왜, 어떻게 침례를 행하도록 할 것인지는 매우 조심스럽게 고려해야 할 것이다. 어떤 교회에서는 정기적으로 육신의 아버지들이 자신의 자녀들에게 침례를 베풀도록 허용하는 때도 있는 것 같은데, 그렇게 하면 침례가 교회의 의식이 아니라 가족 혹은 가정의 의식이라는 잘못된 메시지를 줄 수도 있다.

여기서 가장 중요한 요점은 침례가 그리스도인 개인의 행위가 아니라 교회의 행위라는 사실이다. 이 말은 침례의 집례자는 교회로부터 권위를 부여받아야 한다는 것이다. 그리스도인 개인은 단지 그리스도인이 되었다는 이유만으로 다른 사람들에게 침례를 베풀 권위를 가질 수 없다.

이전 장에서 언급했듯이 아직 교회가 존재하지 않는 곳에서는 상황이 다르다. 당신이 어떤 도시에서 유일한 그리스도인이라면, 당신 자신이 그 도시에서는 바로 교회이다. 그러므로 당신이 침례를 베푼다고 하더라도 교회의 권위를 떠나서 당신 자신의 인간적인 동기에서 침례를 베푸는 것이 아니라고 생각한다. 당신은 교회의 씨앗인 복음을 그 도시로 가져갔고 그 씨앗을 심었다. 복음의 씨앗이 회개와 믿음으로 열매를 맺었다면, 당신은 침례를 베풂으로써 그 긍정적인 반응을 재가해야 한다. 그리고 당신이 예수님의 이름으로 모이는 두세 사람의 신자들을 가지고 있다면, 당신은 새 교회를 세워서 그 교회가 수행하고 감독할 책임을 지는 행위가 '침례' 라는 사실을 잘 알 수 있도록 가르쳐야 한다. 그리고 당신은 그들의 감독 아래 그리고 그들을 위해서 미래에도 계속 침례를 베풀어야 한다.

침례의 결과

침례는 신자를 물속으로 침수시킴으로써 그가 그리스도와 연합하였음을 인정하고 묘사해 주는 교회의 행위이다. 동시에 침례는 그 신자가 그리스도와 그분의 백성들에게 공개적으로 헌신하겠다고 하는 신자의 행위이다. 신자는 침례를 통해 자신을 교회와 연합하였고 세상으로부터 구별되었음을 선포한다. 침례를 통해 신자는 하나님의 백성들에게 헌신하고 하나님의 백성들은 그 신자에게 헌신한다. 그러므로 교회가 존재하는 곳에서는 침례를 통해서 교회회원권을 부여해 주어야 한다. 침례를 베푸는 교회는 바로 그 행위로 인하여 이 새 신자를 그들의 회원명부에 이름을 올리는 것이다. 침례 그 자체가 교회회원권의 전제조건은 아니지만, 정상적으로는 침례를 받음으로 교회회원권을 가지게 되는 것이다. 교회회원권이 집이라면 침례는 그 집의 현관문이다.

유일하게 합법적인 예외는 교회가 존재하지 않은 지역으로 새신자가 처음 이주했을 경우이다. 예를 들면 해군에서 복무하고 있는 새신자 그리스도인이 약 1년 동안 선상생활을 하기 위해 전함을 타는 경우다. 또 다른 예를 들면 국제무역업에 종사하는 사업가가 교회가 존재하지 않는 어느 중동지역으로 이주하는 경우이다. 이러한 경우들이 자주 있는 일은 아니겠지만 전혀 피할 수 없는 일도 아닐 것이다. 이러한 새신자들은 에디오피아 내시가 직면했던 상황에 들어간 것과 같다. 이러한 예외적인 상황들에서는 교회가 그들에게 침례를 베풀어 주고, 그들을 위해 기도해 주고, 그들을 파송하여 체류 기간에 그들이 함께 교제할 수 있는 그리스도인의 공동체를 발견할 수 있도록 격려해 주어야 하겠다. 우리는 불모의 선교지 상황에 대해 이미 언급했다. 그 지역에서 첫 개종자는 침례를 받아 교회 속으로 들어갈 수는 없을 것이다. 그러나 두세 사람의 신자들이 침례를 받게 된다면 그들은 함께 교회를 이루어야 한다.

어떤 경우에라도 침례와 교회회원권은 분리되어서는 안 된다. 예수님의 교회에 순종함으로써 그분의 권위 아래에 들어오고자 헌신하지 않는 자에게는 침례를 베풀어서는 안 된다. 여권에 의해 국적이 증명된 사람은 그 국적의 국민으로서 책임감과 의무감을 가지게 된다. 새신자에게 침례는 그가 당신의 교회에 가입하겠다고 하는 헌신의 방편이다. 만약 당신의 교회에서 회원등록 과정으로서 성경공부나 인터뷰나 회중의 투표 등의 절차를 요구하고 있다면, 그 사람은 침례를 받기 전에 그러한 절차들을 거쳐야 할 것이다. 그리고 교회는 교회회원권이 침례를 받음으로써 수여된다는 사실을 이해하고 있어야 한다.

더 나아가서 교회들은 침례와 교회회원권 사이에 대기기간(waiting period)을 두어서는 안 된다. 어떤 사람들은 침례를 강조하고자 하는 바람에서 이러한 기간을 두기도 한다. 그들은 침례에 더 많은 주의를 집중시키기 위해서 침례와 교회회원권을 분리하기도 한다. 그러나 침례에 주의를 집중시키는 성서적인 방법은 침례가 교회로 들어가는 관문이 되도록 하여 그리스도인의 삶을 본격적으로 개시하는 의식이 되게 하는 것이다. 다른 한편, 어떤 사람들은 교회회원권을 가지게 되면 보다 무거운 책임을 져야 하므로, 침례와 교회회원권 사이에 시간적 간격을 두기도 한다. 새신자가 그러한 책임을 질 준비가 아직은 안 되었다고 보기 때문에 침례를 미룬다는 것이다. 그런데 문제는 모든 그리스도인은 그리스도의 몸 안에서 각자의 위치와 직분을 갖도록 하나님께서 요구하시고 능력을 베풀어 주신다는 사실이다. 그러므로 만약 당신이 어떤 새신자를 그리스도인으로 인정을 한다면, 그를 그리스도의 몸에서 떼어놓을 이유가 없는 것이다. 그 새신자가 다양한 봉사의 책임을 감당해야 할 유일한 장소는 바로 그리스도의 몸인 교회이다. 새신자는 그리스도의 몸인 교회로 들어가서 교회 생활을 시작하려고 하는데, 만약 당신이 그에게 침례를 베푸는 것을 주저한다면 당신이 왜 그의 신앙고백을 기꺼이 인정하지 않으려고 하는지에 대해서 다시 생각해 보아야 할 것이다.

정상적인 상황에서는 침례와 교회회원권이 분리되어서는 안 된다. 신학적으로 침례는 지역교회의 교회회원권을 부여하는 의식이다. 그러므로 당신은 어떤 사람에게 침례를 베풀고도 그를 교회로 인도하지 않으려고 해서는 안 된다. 당신이 침례를 베푸는 모든 사람에게 교회회원권을 부여해야 한다. 침례는 새신자의 교회회원권을 위한 전제조건이고, 침례는 그의 교회회원권을 유효하게 하는 의식인 것이다.

환경

교회들은 어디서 사람들에게 침례를 베풀어야 할까? 교회 건물 안에서 베풀어야 할까? 아니면 최소한 교회 예배 중에 베풀어야 할까? 꼭 그럴 필요는 없다고 생각한다. 성경에 의하면 정상적인 "교회 예배" 안에서이든 밖에서이든 양자 모두를 허용한다. 신약성서에서 침례가 베풀어졌던 실례들을 살펴보면 오히려 후자 쪽이다. 그렇다고 "교회 예배" 중에 침례를 베풀면 안 되는 것일까?

침례는 공개적인 신앙고백이고, 교회(교회의 회중들–역자 주)는 그러한 신앙고백이 선포되는 첫 번째이자 가장 중요한 공적인 대상이다. 침례가 한 신자의 신앙고백을 확인해 주고 그를 공동체의 일원으로서 환영하는 교회의 행위이기 때문에, 나는 전체 교인들이 모인 자리에서 침례를 베푸는 것이 적절한 방법이라고 주장한다. 교인들이 모인 장소가 교회당 안이든, 강가이든 별로 중요하지 않다. 요점은 침례라고 하는 교회의 행위가, 전체 교회가 하나님을 위해서 그 침례 받는 개인에게 말하는 것이고 또한 침례 받는 개인 역시 하나님과 전체 교회를 향해서 말하는 것이라는 사실을 강조해야 한다는 것이다. 전체 교회 모임에서 침례를 베풀면 이런 사실을 널리 알리게 되겠지만, 소수의 교인만 모인 모임에서 침례를 베풀면 이런 사실을 제대로 알리지 못하게 되는 것이다.

다시 교회가 존재하지 않는 일선의 선교현장을 생각해 보자. 침례를 베푸는 자, 그 자신만이 침례를 받는 자의 신앙고백에 대한 유일한 공적인 목격자이기 때문에, 침례를 베푸는 자 이외의 "공개적인"

증인 신자들이 절대로 필요한 것은 아니라고 생각한다. 다른 증인들이 없는 상황에서는 "한 사람만의 목격자"가 있는 침례도 전혀 부적절하다고 말할 수는 없다. 침례가 전체 교회의 행위이기 때문에 침례를 받는 자들은 전체 교회로부터 축하를 받아야 할 것이다.

타이밍

마지막으로 교회들은 새신자들에게 얼마나 빨리 침례를 베풀어야 할까? 새신자들은 예수님을 믿는 즉시 곧바로 침례를 받아야 할까? 아니면 일정한 유예기간을 두어야 할까?

확실히 신약성서에 등장하는 모든 침례의 실예들에 의하면, 어떤 사람이 믿음에 이르게 되자마자 곧바로 그에게 침례를 베풀었다(참조, 예를 들면 행 2:38-41, 10:47-48, 16:14-15, 16:30-34, 19:1-5). 침례가 자신의 믿음을 외부로 공개하는 것이라면, 침례와 한 사람의 개종 체험은 가능하면 할수록 서로 긴밀히 연결되어 있어야 한다. 그러므로 나는 어떤 사람의 믿음의 열매를 시험해 보기 위해서나, 그에게 침례를 베풀기 전에 기독교 신앙과 실천의 기본진리들을 가르치기 위해서, 대기 상태의 기간을 두는 것은 바람직하지 않다고 생각한다.

그러나 침례가 교회회원권을 부여해 주는 의식이라고 한다면, 교회회원권을 얻는 절차로 인해서 몇 주 혹은 몇 달 정도 침례를 연기할 수도 있지 않을까 생각한다. 이렇게 하는 것이 침례를 미루는 것이며 성경적인 방식과 반대되는 것일까? 꼭 그렇지는 않다고 생각한다.

교회회원권 절차가 새신자들에 대한 검정 기간(probational period)으로 볼 필요는 없다. 침례후보자는 그가 속하게 될 교회가 어떤 곳인지, 그리고 교회는 그가 어떤 사람인지를 확인하는 기간을 가질 뿐이다.

오순절 날에 침례를 받고 교회에 등록한다는 것이 무엇을 의미했는지는 확실하다. 침례를 받은 자들은 유대교 지도자들로부터 엄청난 핍박을 받아야 했고, 메시아를 따르는 자들로서 박해를 받으면서도 전혀 새로운 삶을 살아야 했다. 오늘날에는 상황에 따라 다르겠지만 초대교회 때와는 같지 않을 것이다. 요즈음에는 신앙고백을 하는 그리스도인일지라도, 그리스도인이 된 사람이 예수님의 주님 되심(Lordship)에 전적으로 복종을 한다든지 지역교회의 철저한 회원이 된다든지 하는 문제를 그렇게 심각하게 생각하지 않는 것 같다.

교회로서는 그리스도인으로 산다는 것이 예수님의 주님 되심에 복종하고 교회의 회원으로서 기본도리를 행해야 한다는 것을 분명히 할 필요가 있다. 교회회원권의 절차에 포함된 교육과 평가를 통해 침례에 담긴 교회회원의 책임과 헌신에 대해 분명히 가르칠 필요가 있다. 침례를 통해 약속하는 당사자들(교회와 신자 양자 모두)은 무엇을 약속하는 것이고, 누구를 향해 약속하는 것인지를 분명히 할 필요가 있다.

침례후보자들이 교회회원권 절차를 밟도록 요구하는 것은, 침례가 교회와 세상 사이에 분명한 선을 긋는 것이며, 그리스도와 그분의 백성들에 대한 신자의 헌신을 각오하는 것이며, 그분의 백성들을 구별하는 예수님의 의도를 성취하는 것이라는 사실을 깨닫도록 해야 할 것이다.

기독교화된 서구에서, 특히 바이블 벨트(침례교회들이 많이 분포하고 있는 미국 남부지역-역자 주)에서, 교회회원권에 대한 헌신 없이 누구나 교회 앞에 나와 즉석에서 침례를 받도록 하는 것은 적절하지 않다고 생각한다. 많은 경우에 그렇게 어설프게 신앙고백을 한 후 침례를 받고는, 교회회원으로서의 책임감 없이 익명의 신자로서 생활하다가 군중 속으로 사라지는 사람들이 적지 않은 것이 현실이다.

만약 침례를 받으면 가족들로부터 버림을 받게 되는 무슬림 국가에서 당신이 살고 있다면, 상황은 아주 다를 것이다. 가장 현명한 길은, 신자가 교회회원이 된다는 것이 무엇을 의미하는지를 사전에 확실하게 해 두는 것이다. 침례를 받는 사람들은 교회회원으로서의 헌신과 책임이 무엇인지 그리고 그리스도의 주님 되심 아래에서 산다는 것이 무슨 의미인지를, 교회들은 침례를 받는 새신자들에게 분명히 가르칠 필요가 있다.

가장 중요한 것

이 얇은 소책자에서 우리는 성서가 말하는 침례의 정의로부터 시작해서 침례와 관련한 세세한 부분들에까지 살펴보았다. 누가 침례를 받을 것이며, 누가 침례를 베풀 것인지, 언제 어디서 무슨 목적으로 침례를 베풀 것인지, 그리고 특히 침례는 왜 베푸는 것인지 등을 주제로 공부했다.

만약 당신이 예수님을 믿기는 하지만 침례에 관한 의문점들이 있어서 아직 침례 받기를 주저하고 있다면, 이 소책자가 그러한 의문점들을 해소해서 침례 받기를 원하시는 예수님께 순종할 수 있기를 소망한다. 예수님과 그분의 백성들에게 공개적으로 헌신할 것을 결단함으로써 침례 받게 되기를 기대한다. 만약 당신이 교회지도자라면 이 책이 약간이라도 도움되었기를 기대한다. 성서가 말하는 침례가 무엇인지, 침례에 관해서 무엇을 어떻게 가르칠 것인지, 당신의 교회에서 침례를 어떻게 시행할 것인지 등에 대해서 도움이 되었기를 바란다.

침례에서 무엇이 가장 중요한 것일까? 침례는 복음으로 하나님의 백성들에게 도장을 찍는 것이다. 침례는 신자가 그리스도께 공개적으로 헌신할 것을 요구한다. 침례는 신자가 일생을 복음 안에서 하나님의 은혜에 대한 공개적인 증인으로서 살아갈 것을 요구한다. 침례는 신자가 그리스도의 백성들인 교회에 헌신할 것을 요구한다. 침례는 그리스도의 몸의 교제 안에 거하도록 요구한다. 침례는 그리스도를 대신하여 교회가 신자에게 인정과 수용의 말을 하는 것이다. 이러한 이유로 예수님은 그의 제자들에게 침례를 베풀고 침례를 받으라고 명령하신 것이다.

침례는 복음을 묘사해 주고 촉진해 준다. 그리고 침례는 복음의 사람들(죄를 회개하고 그리스도를 믿은 사람들) 주위에 원으로 선을 그어 세상과 구별해 준다. 침례가 생생하게 묘사해 주는 복음 때문에 침례는 매우 중요하다.

성구 색인

창세기
3:15	40
9:13-15	30
10:16	46, 54
15	65
15:12-17	5
17	65
17:10-14	30, 46, 55

출애굽기
2:23-25	5
4-10	5
4:22-23	5
11:1-10	5
12:1-8	5
12:8	5
12:11	5
12:12-13	6
12:14	11
12:14-20, 24-27	6
12:26-27	6
12:43	6
12:47	6
12:48	6
13:8	7, 27
13:14	9
17:1-14	40
17:11-14	55
19:4-6	45
24	30
24:8	31
24:9-11	31

레위기
4:4	46, 54
26:5-8	7

레위기
17:6-23	47
25:1-21	47

31:31-34	58

신명기
4:1-8	46
10:16	54, 55
12:3	40
28:15-68	47
30:6	49

이사야
25:6-10	23

예레미야
32:30-33	46
31	49
31:31-34	10, 48, 50
32	48
32:39-40	48

에스겔
36:26-27	49

마태복음
4:17	29
4:23	29
5:13-16	53
10:5-7	29
10:19-20	37
10:32-33	21, 34
12:46-50	48
16:19, 18:19	102
18:15-20	14, 50, 53
18:20	100
21:28-32	35
26:17-28	9
26:26-28	10, 28, 61
26:28	10
26:29	21, 65
28:18	15, 29
28:19	22, 29, 33, 47
28:20	15, 22, 29

마가복음
14:12-26　　　9
14:22-24　　　28
14:24　　　　30

누가복음
5:32　　　　　35
9:26　　　　　34
22:7-22　　　9
22:14-15　　 9
22:17-20　　 28, 50
22:19　　　　10-11, 27, 33
22:20　　　　10
23:39-43　　 26

요한복음
2:10　　　　　24
3:23　　　　　18, 101
14:21-24　　 26

사도행전
1:15　　　　　23
2:37　　　　　19
2:38-41　　　17, 23, 30, 40, 50, 58, 109
2:42　　　　　28, 62
2:46　　　　　62
8　　　　　　 13, 15
8:13-24　　　26
8:36　　　　　18, 101
8:38-39　　　19, 101
10:47-48　　 109
11:17-18　　 16
14:23　　　　48,56
15:41　　　　48
16:5　　　　　48
16:14-15　　 109
16:15　　　　60, 61
16:30-34　　 60, 109
18:22　　　　48
19:1-5　　　 109
20　　　　　　51

20:7　　　　　28, 51, 61
20:17,　　　　28 56
22:16　　　　18

로마서
4:11　　　　　64, 65
6:1-4　　　　16, 17, 19, 31, 42, 55, 99, 102
8:24　　　　　21
8:25　　　　　21
9:4　　　　　　47
10:14-17　　 37

고린도전서
1:2　　　　　42
1:13　　　　　31
1:16　　　　　60
5　　　　　　 48
5:9-11　　　 19
5:10　　　　　48
5:11-12　　　49
5:11-13　　　49
5:12-13　　　79
7:14　　　　　62, 63
8:4　　　　　　14
10　　　　　　25
10-11　　　　42, 61
10:14　　　　13
10:14-22　　 13
10:16　　　　14, 26, 29
10:17　　　　14-15, 27, 36, 39, 42, 50, 59
10:16-17　　 13, 36
10:17　　　　78
10:19-20　　 14
10:21　　　　14
10:22　　　　14
10:27　　　　14
11　　　　　　25-26
11:17　　　　17, 26, 42
11:17-18　　 20, 33-34 61, 78
11:17-34　　 31

11:18	26, 42	**골로새서**	
11:18-19	17	1:13	42
11:20	17, 26, 42	1:18	56
11:20-22	28	2:11	42
11:21-22	17	2:11-12	102
11:23-25	18	2:12	31, 42
11:26	18, 22, 28		
11:27	18, 29, 46, 79	**디모데전서**	
11:28	18	3:1, 5:17	103
11:29	18, 29		
11:30	19	**히브리서**	
11:31-32	19	9:15	50
11:33-34	19, 26, 42		
12:3	37	**야고보서**	
12:12-26	23, 48	2:14-26	26
고린도후서		**베드로전서**	
2:6-8	50	2:10	23
3:14	45	3:21	21, 25
		3:22-31	25
갈라디아서		4:1-8	25
1:6-7	92	5:1-11	25
3:25-27	17, 31		
		요한일서	
에베소서		2:3-6	26
1:13	62		
1:23	23		
2:1-10	23, 42		
2:21-22	23, 48, 62		
4:1	62		
4:11-12	56		
4:11-16	56, 98		
4:17	62		
5:8	62		
5:22-33	22		
6:1	62		
6:4	66		
빌립보서			
1:1	56		

"무릇 그리스도 예수와 합하여 침례를 받은 우리는
그의 죽으심과 합하여 침례를 받은 줄을 알지 못하느냐
그러므로 우리가 그의 죽으심과 합하여 침례를 받음으로
그와 함께 장사되었나니 이는 아버지의 영광으로 말미암아
그리스도를 죽은 자 가운데서 살리심과 같이 우리로 또한
새 생명 가운데서 행하게 하려 함이라"

(롬 6:3-4)